もう大丈夫。
この本が紹介する方法で
あなたを悩ます「**緊張**」は
必ずとることができます。

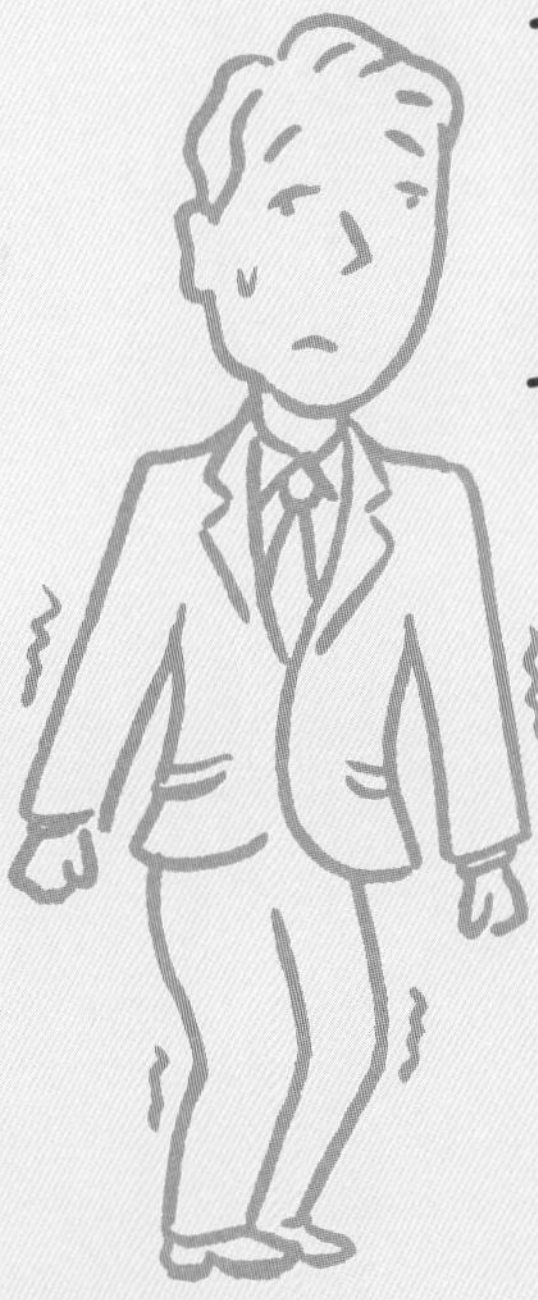

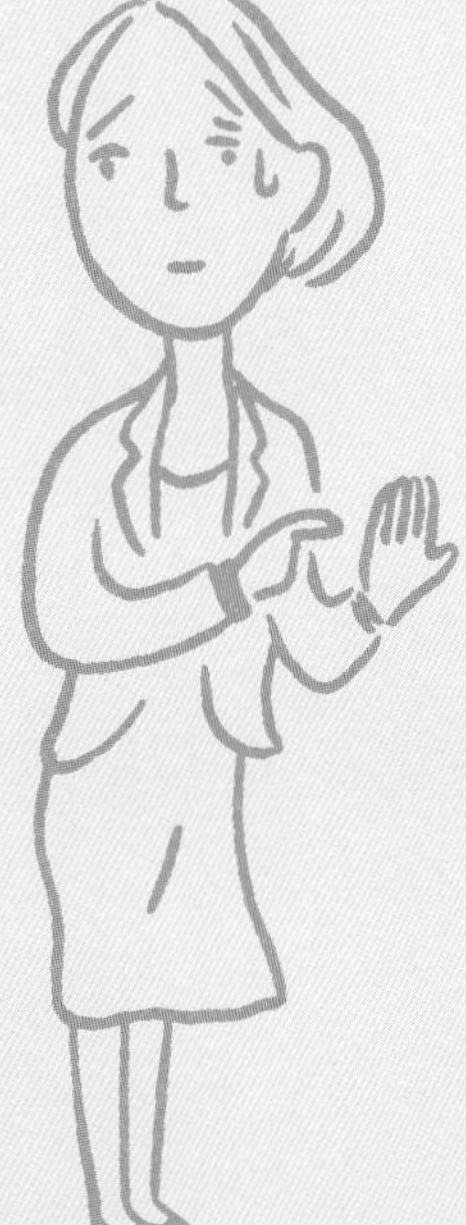

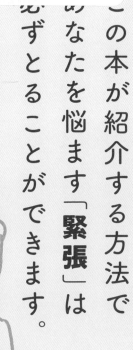

不安になる、あがりやすい、すぐテンパる…人前でいつも緊張してしまうあなたへ

この本を手にとってくださったあなたは、緊張しやすいご自身の性格をなんとかして変えたいと思っているのでしょうか。

- プレゼンのとき、いつも頭が真っ白になってしまう。
- 朝礼や会議で発言しなければならないのが、本当にイヤ。
- 商談の席で、必要以上にあがって失敗ばかりしている。
- 就活の面接でビビりすぎて、うまく自分を表現できない。
- 生活環境が変化すると、なかなか新しいグループに溶け込めない。
- 初対面の人、目上の人に会うときは、逃げ出したくなる。
- 結婚式のスピーチで大失敗。二度としたくない。

・好きな人にテンパらないで告白できたらいいのに。

などなど、人生では公私にかかわらず、緊張を余儀《よぎ》なくされる場面は数多くありますよね。

「緊張しないぞ！」と意気込んでも、「私は緊張していない！」と暗示をかけても、まったく効果がなく、それどころかますます緊張のドツボに。

その結果、本番や人間関係で大失敗――。

もしかしたら、そんな経験をお持ちかもしれません。

私自身も、もともと緊張しやすい性格でした。

俳優を志していた私は、出演した舞台やオーディションなどで何度となく失敗してきました。

役柄《やくがら》になり切れなかったり、肝心《かんじん》な場面でセリフが飛んでしまったり……。正直いって思い出したくないシーンがいくつもあります。

そんな私だからこそ、緊張に悩んでいるあなたのことが、とても人ごとだと思えないのです。「緊張しやすい人」のつらさは、そうではない人になかなか伝わらないものですから。

緊張しやすい人を指して、「他人の目線や評価を気にしすぎ」だとか「自分のことしか考えていない」だとか「準備が足りないから緊張する」だとか、あたかもモノの考え方や、事前の準備しだいで緊張はとれるものだと主張する人がいますが、私は声を大にして言いたい。

「モノの考え方で緊張がとれる？

性格に問題があるから緊張しやすい？
準備を徹底すれば緊張しない？
そんなことで解決するなら、誰も苦労しません！
緊張するって、
当事者にとっては、
生きるか死ぬかの大問題なの！」

ちょっとテンションがあがってしまいましたが、あなたと同じく緊張しやすい私は、あなたの気持ちが痛いほどわかります。きっとこれまで、自分の性格や考え方に問題があるんだと、一人思い悩んでいたのではないでしょうか。

こんな

悩みを本書は解決します！

【お悩み】

上司の前で
口ごもる

【お悩み】

プレゼンで頭が
真っ白

【お悩み】

面接で
テンパる

【お悩み】

会議で
発言できない

【お悩み】

商談の前に
体がブルブル

緊張しやすい人の

【お悩み】

初対面が憂うつ

なんか
会いたくない…

【お悩み】

会社の電話で
ドキドキ

【お悩み】

グループの輪に
入れない

人間関係にも
緊張が邪魔！

【お悩み】

告白できない

【お悩み】

機嫌が悪い人がいると
心臓バクバク

「伊藤式・緊張撃退メソッド」で3万人の緊張がとれた!

でも、もう安心してください。

この本でお伝えする「伊藤式・緊張撃退メソッド」を実践していただければ、誰でも簡単に緊張がとれます。

このメソッドは、演技理論の『スタニスラフスキー・システム』をベースに、緊張に悩んでいた私が考案した方法です。

『スタニスラフスキー・システム』とは、旧ソ連の俳優にして演出家、演技教師であるコンスタンチン・スタニスラフスキー(1863〜1938

年）が提唱した演技理論のことで、俳優の職業病ともいえる「緊張」のとり方についてもふれられていました。

「これだ！」と思った私は、『スタニスラフスキー・システム』を徹底的に学び、緊張をとることについての理解を深め、自ら実践していきました。

そしてついに、私は舞台上で、緊張せずに堂々と演技ができるようになったのです。

「伊藤式・緊張撃退メソッド」は、これまで3万人の俳優や俳優志望者の緊張をとることに成功してきました。

昨今では、その効果が広く知られ、ビジネスパーソンや主婦、学生など、一般の方々も生活に取り入れ始めています。

私たちの共通の〝敵〟、緊張とは何者か？

「伊藤式・緊張撃退メソッド」のやり方は後ほど詳しく紹介します。

その前に、私たちの〝敵〟、緊張とは何者かを知っておきましょう。

医学的には、脳内ホルモンの一種であるノルアドレナリンが過剰に分泌されることで、自律神経のバランスが崩れてしまった状態をいいます。

その結果、心拍数が上がり、胸はドキドキし（動悸）、手足や声は震え、冷や汗が出たり、顔が火照《ほて》ったり（赤面）するといった、さまざまな症状がもたらされます。

あらわれる症状や感じ方は人それぞれです。

私は「あがり」や「テンパり」だけが緊張ではないと捉えています。人前に出るのが怖いといった「不安」や「ビビり」も、緊張から生じる症状でしょう。

共通していえることは、「素《す》の自分」に比べて、情緒不安定で、心は萎縮し、判断能力にも著しく欠けている状態。

よく一流のスポーツ選手や俳優は、「緊張しているからこそ実力を発揮できる」といった話を聞きます。言葉の定義の問題ですが、一流の人たちの「緊張」とは、どちらかというと「集中」といったほうが適切でしょう。最近では「ゾーン」という言葉も使われています。

こういった話を根拠に「緊張を力に変える」といったことを提唱する

人もいますが、そんなこと凡人である我々にはできません。というか、目指すところでもないでしょう。

緊張していること自体がつらい。そこから楽になりたい。「伊藤式・緊張撃退メソッド」は、そのための方法なのです。

本番前に別人になる。すると勝手に緊張はとれていく

「伊藤式・緊張撃退メソッド」は、「素の自分」から「別の自分」に自動的に切り替えてしまう（役に入る）ことで、「緊張しない自分」になることができます。

つまり、別人になってしまえば緊張しない、というわけです。

そんなこと演技などしたことのない私にはできない、と思うかもしれません。

大丈夫です。誰でもできます。

このメソッドのベースは、演劇の役者さんが別人を演じるために行っている方法。

性格そのものは変えられなくても、本番前にこのメソッドを行えば、あなたはその瞬間だけは、別人になれます。人前で話すのも、会議に出るのも怖くないあなたになれるのです。

すると、動悸や赤面の症状が出ている人は冷静さを取り戻し、不安で心が萎縮している人には逃げ出さない勇気が芽生えてきます。

人前で話すのは、

「なにも怖いことはない」

ことに気づけるのです。


世の中には「これで緊張がとれる」とばかりに、「目的に向かって集中しよう」「誰もが緊張すると思え」などと気休めのようなことで、「内面（メンタル・心）」を直接操作しようとする方法があります。

でも、メンタルは自分の意志で操作できるものではありません。


そんなことができたら、この世の誰もが一流の俳優じゃないですか。

メンタルを直接どうにかしようとすると、緊張の泥沼にはまるだけ。

では、どうすればいいのか？

考えるより先に行動すること。
たとえ気分がともなっていなくとも、そう見えるように体を動かしたり、声を出したりすることで、心は勝手にその動きや言葉が示す状態に誘導されていきます。

落ち込んで下を向いているときに、鼻歌まじりに上を向いて歩いてみたら、それだけで気持ちが楽になったことはありませんか？
これが、考えるより先に行動するということです。

「伊藤式・緊張撃退メソッド」は、思考をいったん停止し、「緊張している人が絶対しない行動」によって、心を楽しませます。
すると、心は勝手に「緊張」から「楽しい」に誘導されていくのです。

緊張しているとき、
人は楽しくありません。
その逆で、楽しいとき、
人は緊張していないのです。

では、次ページより、具体的なやり方を紹介していきましょう！

これでたちまち緊張しなくなる!

伊藤式・緊張撃退メソッドのやり方

「伊藤式・緊張撃退メソッド」は、プレゼンや面接など、あなたに緊張を強《し》いるイベント当日の朝に自宅で行うシーン1と、現場に入ったあとに行うシーン2の両方を行ってください。紹介するパフォーマンスの順番で行うと効果が倍増します。

別人として出発しよう!

SCENE1

自宅にて

詳細は20ページより

❶ 笑い方7変化 2分

人生でしたことのない笑い方を、
さまざまなヴァリエーションでする。

【効能】脳が楽しくなる。

❷ ジブリッシュダンス 2分

ジブリッシュとは「めちゃくちゃ言葉」の意。架空の外国語を話しながら踊る。

【効能】緊張してしまう自分を壊す。

❸ 悪役レスラー登場 1分

悪役レスラーになり切って毒を吐きまくる。

【効能】心が萎縮しないように
テンションを上げる(別人になる)。

当日の朝、出発前に行い、

SCENE2

現場・現場近くにて

詳細は26ページより

④ その場ダッシュ 20秒

立っている場所で全力で
モモ上げダッシュをする。

【効能】緊張から意識をそらす。

緊急時に

⑤ 本番直前の4つのお守り

現場で万一、緊張を感じたときに行う。

「全身グッ・パー」

「超低速・手あげさげ」

「肩ストン」

「地響き呼吸」

SCENE1

自宅にて

緊張撃退パフォーマンス 1

笑い方7変化

［2分］

さまざまな笑い方をすることで、「脳を楽しくする」のが目的。緊張時、人は「楽しくない」状態ですが、ムリヤリにでも笑っていると、いつのまにか心まで楽しい状態に誘導されていきます。緊張をとるための基盤となるパフォーマンス。

【 やり方 】

鏡の前で顔をゆがめたり、声質やトーン、
スピードなどを変えながら、
「ふぇっふぇっふぇふげぇっ！」
「フォッフォッフォッフォッ！」などと
大声で笑ってみましょう。
ジッとせず、その笑い方に合わせて体を動かしたり、
手を叩いたりしましょう。

アドバイス

- やりすぎて人に見られたら恥ずかしいくらいの笑い方で、
できるだけ下品にやってみましょう。
- アニメのキャラクターの真似をするのもOKです。
その際は似ていることは重要ではありません。
とにかく大げさに行います。
- 人の目を意識して上品に「オッホッホッホホホ……」などと
なってしまうのはNG。
- 鏡に向かって行い、自分の笑い方が派手になっているか
チェックしてみましょう。

SCENE1

自宅にて

緊張撃退パフォーマンス 2

ジブリッシュダンス

［2分］

「ジブリッシュ」とは「めちゃくちゃ言葉」という意味です。きちんとした日本語を話さなければという常識や理性から解放されて、「緊張しやすい自分を壊していく」のが目的です。笑い方7変化からの流れで、楽しみながら行います。

【 やり方 】

意味も設定も感情も何も考えずに、
たとえば「シュビドゥバ ドゥバラ～ララ ルラレ」などと、
なんちゃって外国語みたいな
めちゃくちゃ言葉でしゃべりまくります。
踊るような振りをまじえて行えば、さらに効果的です。
何も考えずにめちゃくちゃに踊ってください。

アドバイス

- 声の抑揚やスピードや間を変えて、めちゃくちゃ言葉をしゃべってみましょう。何も感じていなくても笑ってみたり、ふざけてみたりします。
- そうすることで楽しみやすくなり、しゃべり方の表現が広がります。
- 「抑揚をつけたらもっとヘンテコな声にならないか」「声のトーンを急降下・急上昇させたら面白いぞ」などと試してみましょう。
- ジブリッシュにあわせて体も動かし、コミカルなダンスを追求していきましょう。

SCENE1

自宅にて

緊張撃退パフォーマンス 3

悪役レスラー登場

［1分］

悪役レスラーになりきり花道を歩くふりをします。ジブリッシュで自分を壊した後、「別人になる」ことを目的としたパフォーマンス。人前では使わないような激しい言葉を吐くことで、緊張を寄せつけないテンションになれます。

【 やり方 】

猛獣が人間になったような動きをしたり、力こぶを作ったり、
肩で大げさに風を切ったり、周囲をにらみつけるようにして、
のっしのっしとゆっくり入場するふりをします。
自分を鼓舞するように大声も出してみましょう。
それも普段の声ではなくダミ声で。
その際、促音の「っ」を使った爆発音でしゃべると、
悪態をついている感じになりやすいでしょう。
「バッカヤロー」「ッ(ウ)ルセー」「ッ(フ)ザケンナ」など。

アドバイス

- 悪役レスラーが派手に行うマイクパフォーマンスをイメージして行ってみましょう。
- 自分以外の誰かを見下すようなことを、ウソでもいいからはっきりと口に出すのもOK。
- 嫌いな上司や知人を思い浮かべて「この無能野郎!」などと絶叫してみるのもおすすめ。

SCENE2

現場・現場近くにて

緊張撃退パフォーマンス 4

その場ダッシュ

［20秒］

すでに緊張はほとんどとれていますが、現場でのシメとして、その場で駆け足をしているつもりでモモ上げダッシュを行ってください。体に意識を向け、心が緊張に向かわないようにします。

【 やり方 】

とくに決まったスタイルがあるわけではありません。
近くの公園でも、人通りの少ない階段や廊下でも、
どこでもかまいません。その場で自由に駆け回っている
ふりをしてみてください。
疲れて息が上がるくらいに行ってください。

アドバイス

- 格闘技ゲームのチャンピオンが言うには、
彼は対戦直前に、その場ダッシュをするそうです。
すると、体が疲れてよけいな力が入らなくなるといいます。
疲れると緊張どころではなくなってしまうのでしょうね。

SCENE2

現場・現場近くにて

緊急時に

緊張撃退パフォーマンス 5

本番直前の4つのお守り

1〜4のメソッドで、あなたは緊張とは無縁で本番を迎えられるはずです。

でも本番では何が起こるかわかりません。

現場に着いたとたんに頭に血が上ってわけがわからなくなってしまうかもしれません。

「伊藤式・緊張撃退メソッド」はそんな緊急時のための対処法も用意しています。いずれも体に意識を持っていくことで、心に興奮がいかないようにするのが狙いです。

【 やり方 】

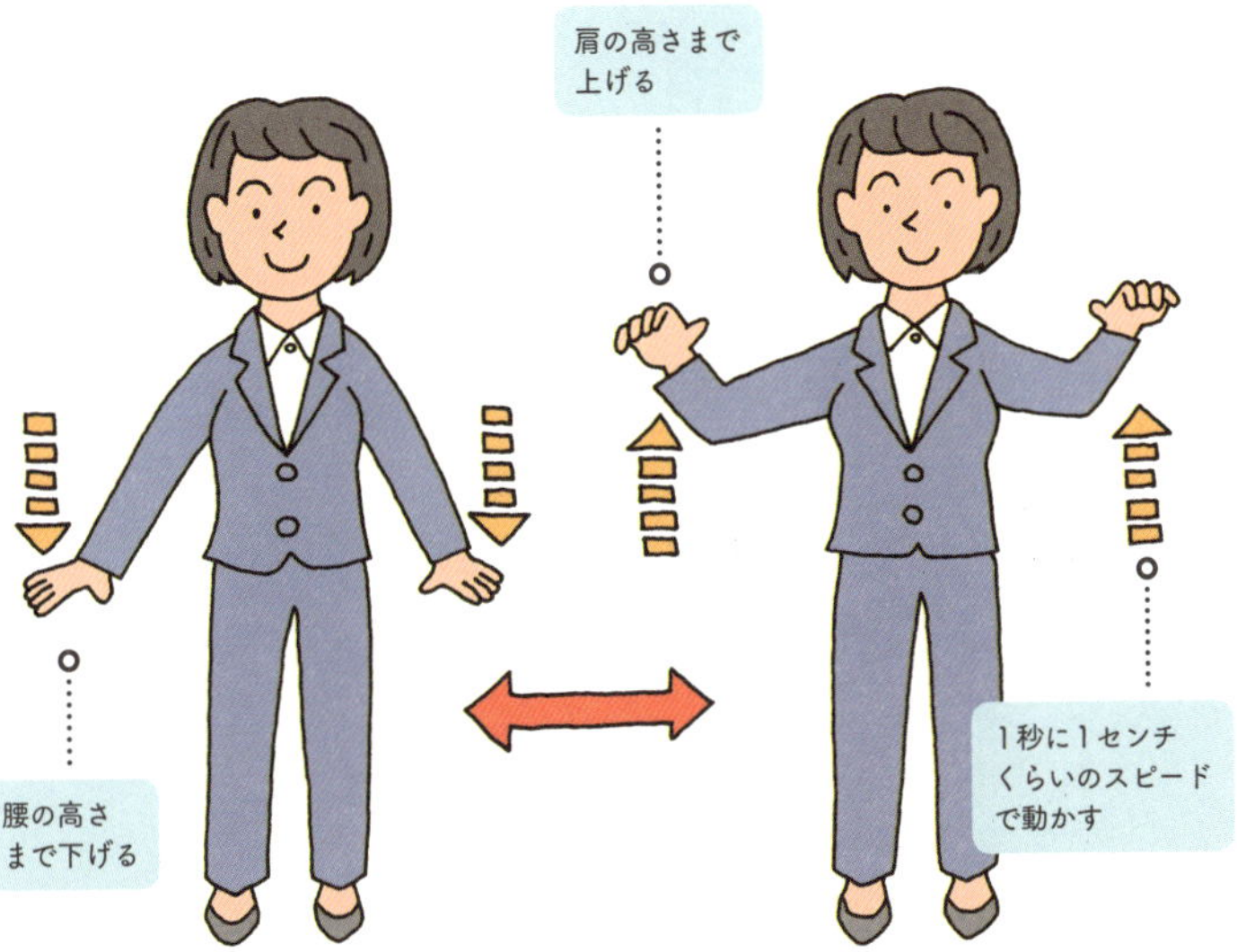

「超低速・手あげさげ」

ヒジを曲げて両腕を体の前に出し、
両腕に意識を持っていく。
ゆっくり呼吸しながら、両腕をゆっくり上下させます。
両腕を上下に動かすスピードは
1秒に1センチくらい。
1分行えば心が落ちついてきます。

【やり方】

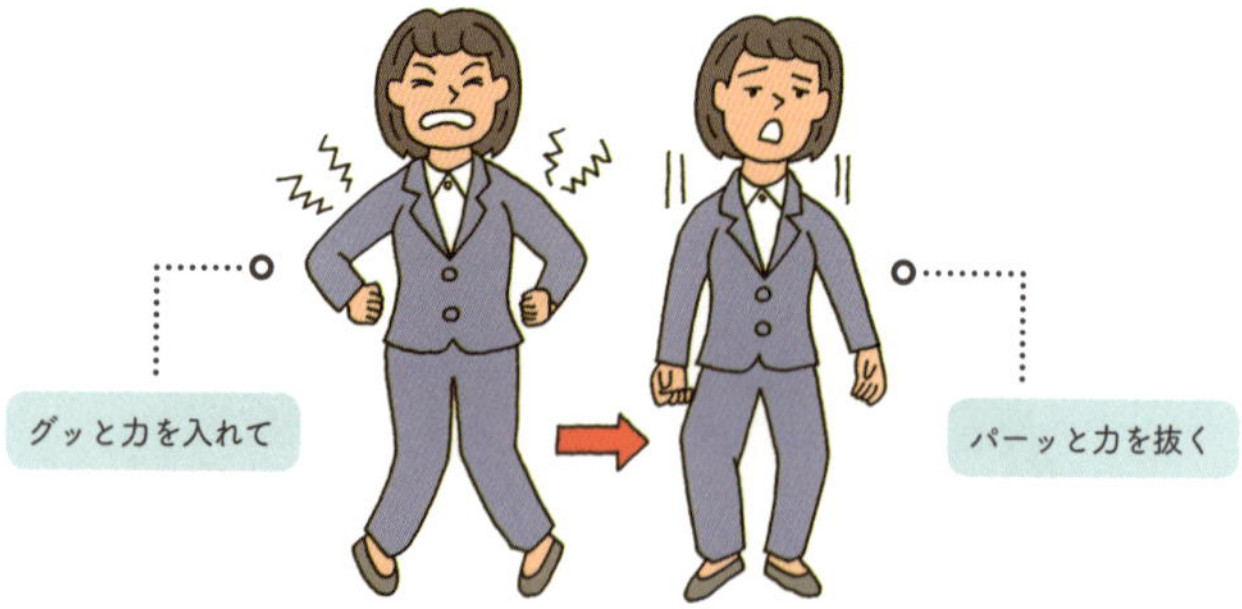

「全身グッ・パー」

全身（顔や手足の指も）に
グッと思いっきり力を入れて、パーッと抜く。
5回行いましょう。

「肩ストン」

肩を思いっきり上げて、ストンと落とす。
5回行いましょう。

「地響き呼吸」

鼻から強く息を吸って（2秒）、2秒止め、
口から一気に吐きましょう。
吐くときは地響きのような音を立てるイメージで。
呼吸に集中することで緊張から意識がそれていきます。
本番前までつづけましょう。

ACT ON STAGE!

いざ現場へ！

伊藤式・緊張撃退メソッド

これで完璧！
緊張なしで
本番に臨めます!!

「はじめに」のおわりに

いかがでしたか？

まだ「伊藤式・緊張撃退メソッド」を実践されていない方は、「これで本当に緊張がとれるの？」と半信半疑の方もいらっしゃると思います。それは当然です。

このメソッドは、頭で論理的に理解しようとしてもなかなか実感できないもの。やってみてはじめて効果が実感できます。

理屈を知りたい方のために、あえて論理的に説明させていただきましょう。緊張しているときの自分を思い出してみてください。

「楽しくない」「自分の殻に閉じこもっている」「心が萎縮してテンションが低い」、このような状態になっていませんでしたか？

伊藤式メソッドは、緊張を象徴するこれらの状態を、逆算して解消していくものなのです。

まず「笑い方7変化」で楽しくないを「楽しい」に変え、殻に閉じこもっている自分を「ジブリッシュダンス」で壊し、「悪役レスラー登場」によって心を解放して別人になります。

すると、緊張はすっかり解消されてしまうのです。

ですから、シーン1で紹介した3つのパフォーマンスはセットで行ってください。現場で行うシーン2は、肉体に意識をもっていくことで心に緊張を呼ばない方法で、シーン1とは緊張へのアプローチが異なりますが、いざというとき頼りになるので、ぜひこちらも実践してみてほしいと思います。

「伊藤式・緊張撃退メソッド」を行うときのコツは、「緊張をとろうと思わない」ことです。

緊張をとろうと意気込んでしまうと、逆に緊張を呼び込んでしまいます。とにかく「何も考えずに、体を動かし、声を出す」ように心がけましょう。素の自分とは異なる言動を行っていけば、あなたの心も「緊張しない」ように誘導されていきます。

この方法によって緊張がとれれば、人前で話すことに苦手意識がなくなり、物怖《ものお》じせず人前に出て行くことができるでしょう。素の自分ではできなかったことでも、そのときだけでも別人に変われば、多くのことにチャレンジできるようになります。

あがり症だったり、ビビリだったり、心配性だったり……人の性格は一朝一夕《いっちょういっせき》に変えられるものではありません。

ですがぜひ、緊張する場面でこのメソッドを継続して行っていただきたいと思います。

別人のように変われるのは、
そのとき、その瞬間だけです。
でも、継続して行っていくことで、
だんだんとあなたの「性格」まで
少しずつ変化していきます。

型から外れることやその場の空気を壊さないように自分を押し殺していた人が、自分を縛るルールや常識から自由になり、新しい発想やアイデア、インスピレーションを得て、新たなステージに上っていった人を、私はこれまで何人も見てきました。

このメソッドをきっかけに、自分の殻《から》を破り、
眠っていた才能を開花させた人も数多くいます。
そして何より、人前で話すことがラクになり、
コミュニケーションの幅も広がり、

人と接して生きていくことが楽しくなってくるのです。

「伊藤式・緊張撃退メソッド」は、「緊張」に対する対症療法としてその場を乗り切るための手法ですが、継続して行うと、「性格」までも変える根本療法になります。

不安になりやすい、ビビりやすい、あがりやすい、自分に自信がない、人前が怖い……そんな悩みを抱えて、生きるのがどうにも窮屈《きゅうくつ》だと感じている方は、ぜひこのメソッドを試して、あなたの殻を突き破ってほしいと思います。

ダメダメだった私にもできたんだから、あなたにもきっとできるはずです。

CONTENTS

目次

人前で変に緊張しなくなるすごい方法

CONTENTS

【はじめに】

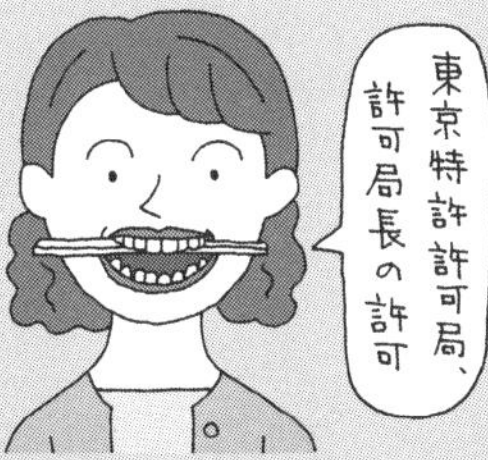

【体験談】

人前で話すのがとても楽になりました

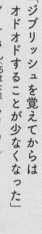

CONTENTS

第１章

緊張の正体を知る。それだけで心は楽になる

CONTENTS

第2章

なぜ「伊藤式・緊張撃退メソッド」であなたの緊張はとれるのか？

第3章

緊急事態にもドギマギしない心の持ちようと対処法

CONTENTS

第4章

緊張しない体質をつくり、仕事や人生を楽しもう

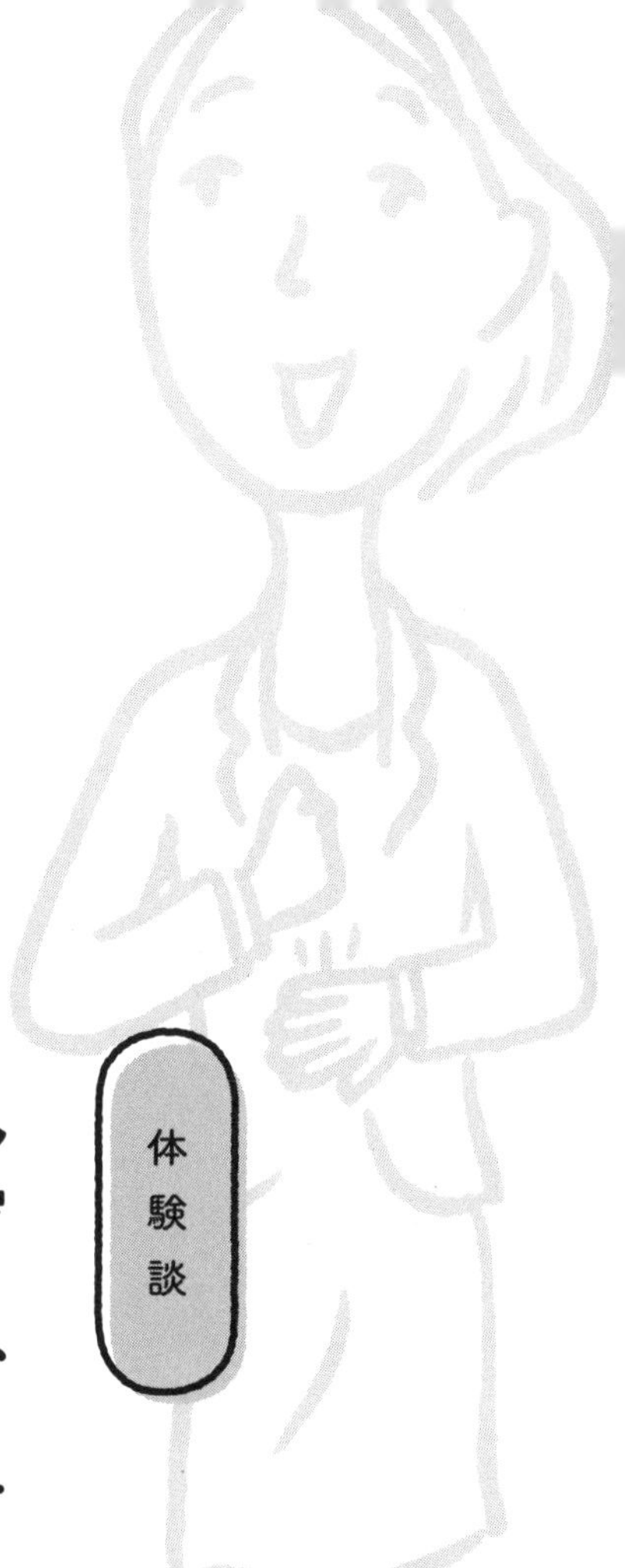

体験談

人前で話すのがとても楽になりました

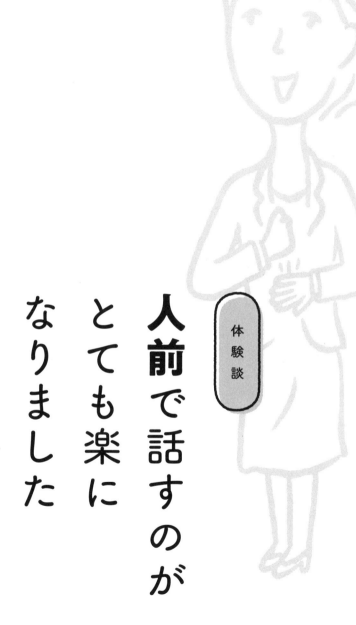

【体験談】

「ジブリッシュを覚えてからはオドオドすることが少なくなった」

Y・Tさん（25歳女性・フリーター）

私はめちゃめちゃ緊張するタイプです。

極端にいうと、緊張しまくりの日常です。

たとえば、スターバックスなどでスマートなお兄さんに接客されたとき。とくに7人くらいが行列をつくっていて、自分が8番目にいて、順番がどんどん迫ってくるようなとき。

こんなときはいろいろ考えて緊張してしまうのです。

目線をどうしよう、どういう表情で注文をしたらいいのか、その際、笑顔をみせたほうがいいのだろうか……。

他人からすれば、どうでもいいようなことばかりかもしれません。でも、私にとっては大問題なのです。私は人見知りをするタイプでもないのに不思議ですよね。

道で知らない人とすれ違うときも、「どこを見たらいいだろう」などと考えてしまいます。すると「どうしようどうしよう」となって、緊張が高まることになってしまうのです。

どうしてそうなってしまうのか……。

自分のことを自分なりに分析してみると、私は、人からどう見られているかを気にするタイプのようです。自意識過剰なのかもしれません。だから他人の目線などが気になって、「どうしようどうしよう」となってしまうのかもしれません。

当然、アルバイトで面接を受けるときなども、「どうしようどうしよう」と緊張してしまいます。たぶんそのせいで面接試験に落ちたことも、何回かあります。

「伊藤式・緊張撃退メソッド」に出合ったのはそんなときでした。
人前ではとてもできないと思い、自分の部屋で誰にも見られていない状況でやりました。「笑い方7変化」「ジブリッシュダンス」「悪役レスラー登場」の中でも、私はジブリッシュダンスがお気に入り。

ジブリッシュは、ルールがあって型どおりにやらなければいけないわけではありません。自分で勝手に話して動けばいいのです。もちろんジブリッシュの正解なんてありません。このゆるさが私にはピッタリでした。

私は性格的に、正解があると、そこに向かってやりすぎてしまうみたいです。頑張りすぎちゃうのです。そうなると、だいたいうまくいきません。「うまくやらなければならない」という思いが高じて、緊張もどんどん高まっていってしまうのです。
伊藤メソッドを覚えてからは、日常の「どうしようどうしよう」も、少なくなってきたように思います。アルバイトの面接も堂々と臨めるようになりました。

【体験談】

「仕事で緊張して失敗ばかり…。伊藤メソッドに出合えて感謝しています」

M・Kさん（40代女性・会社員）

もともと異常な恥ずかしがり屋で、人前で発表するのがすごく苦手でした。小学校に上がったころから、手を挙げて発表したことなんてありませんでした。緊張する体質でもあり、「ちゃんとしなくてはいけない」場面では必ずといっていいほど緊張していました。

大人になってもそれは変わらないままでしたが、このところ会社で発表などをする機会が少しずつ増えてきて、逃げることができない状況になってきました。

それで危機感を覚え、体質改善しなくてはいけないと考えて「伊藤式・緊張撃退メソッド」を始めることにしました。

始めてからまだ2カ月ほどしか経《た》っていませんが、自分自身が少しずつ変わっていっている実感があります。とくに自分の中にあった躊躇《ちゅうちょ》する気持ちが減ってきているように思っています。

だからなのか、最近は会社で立場が上の方と話すときや、来客の方への応対が少し楽になってきた気がします。

以前はお茶を出すだけですごく緊張して手が震えていましたから。

正直なところ、恥ずかしがり屋がどこまで改善したかはわかりませんが、明らかに変わったなと思えることはほかにもあります。

映画や芝居を観に行って、笑う回数が前よりも増えたのです。

「伊藤式・緊張撃退メソッド」を行っているうちに、徐々に楽しめる体質になってきたのかなと思っています。

これまでの人生、毎日のように緊張ばかりしていて、正直なところ生きるのがつらいと思った時期もありました。

伊藤メソッドをきっかけに、もっと人生を楽しみたいと思います。

【体験談】

「商談や上司への報告ももう怖くない！明るい気分が持続するようになりました」

A・Aさん（30代男性・IT業界勤務）

「伊藤式・緊張撃退メソッド」を始めたのは、仕事で緊張することが多いので、それをとりたいと思ったからです。

とくにお客様を前にしての商品紹介、社内の偉い人への説明などでよく緊張していました。

だからといって大きな失敗はありませんでしたが、自分としては「あまりうまくいかなかったな」と思って落ち込むことも多かったので、そんな気分も解消できたらというのもありました。

商品説明などをしなければならない日は、出かける前にシーン1の3つのパフォーマンスと、本番が始まる直前に「全身グッ・パー」をやるようにしています。

とくに何もない日も、「ジブリッシュダンス」は毎日行っています。

やり始めて10カ月くらいになりますか。

やり始めたころは、やる前とは明らかに気分が違っていました。気分がノッてくるというか楽しくなってくるのです。そしてその気分はまるまる一日持続するのです。

もちろんメソッドをできない日もありますが、だからといって、メソッドを始める前のような気分にたちまち戻ってしまうといったことはありません。徐々に"地力"がついてきているのかもしれませんね。

とはいっても、いまも緊張するし、人前で話す苦手意識もありますが、以前ほど気にならなくなったというか、心の負担が軽減された感じがします。

それに、たとえ商品説明があまりうまくできなかったとしても、落ち込まないでいられるのは、とてもありがたいことです。

【体験談】

「失敗してもいいからやってみようと何事にも逃げずにトライするようになった」

H・Sさん（40歳女性・契約社員）

もともと私は、「失敗してはいけない」「100パーセントちゃんとやらないといけない」という意識が強いタイプです。

その意識の後ろ側には「うまくやらないと怒られてしまう……」という恐怖感と緊張感もありました。

ですから、**何かをやるとき、頭ではこうしたいと考えていても、身体に力が入ってしまって、思ったことが言えなかった、やりたいことができなかった、ということがよくありました。**

私がこうなってしまった裏には、親の影響もあるのかなと思っています。というのも、親がとにかく怒るタイプなのです。学校のテストでいい点数が取れないなどで、けっこう厳しく怒られました。

いつの間にか私の心の中には、相手に対して常に正解を出さないといけない、相手を怒らせてはいけないという思いが根づいてしまったようです。

それは大人になっても変わりませんでした。

そんな私が「伊藤式・緊張撃退メソッド」を始めたのは、「緊張をとりたい」よりも「失敗を恐れなくなりたい」という気持ちからでした。

「伊藤式・緊張撃退メソッド」に出合ってからは少しずつ変わっていきました。

もちろん初めのうちは抵抗がありました。ひとりのときでも「悪役レスラー登場」で大声を出すというのは簡単ではありませんでした。自分の中にそうとうな躊躇《ちゅうちょ》があったのでしょう。

でも無理やりにでもやっているうちに、気がついたら殻が破れていたのかもしれません。いつしか壁に向かって大声で好きな人の名前を出したり、嫌いな人の名前を出して「だから嫌いなんだよ！」と言えるようになりました。

もちろん、今日始めて明日に効果が出ることばかりではありませんが、私の場合は「伊藤式・緊張撃退メソッド」を継続することで、気持ちがずいぶん楽になりました。

何をするにもためらいがあった私が、とにかくトライしてみようと思えるようになったのですから、すごい変わりようだと思います。

たとえばこの前、私は人生で初めて好きな男性に告白をすることができました。いままでの自分では考えられないことです。

私にとって「伊藤式・緊張撃退メソッド」のいちばんありがたい点は「間違えても、失敗しても大丈夫だよ」という空気があることです。

私もいつしかそんな空気に感染したようで、失敗してもいいから、緊張してもいいからやってみようと思えるようになりました。

「この緊張をどうにかしたい」なんて考えると、さらに緊張してしまうのはわかっているので、ウソでもいいから「もういいや！　緊張しても」と思うようにしています。

【体験談】

「他人の目線が気にならなくなり、物事に集中できるようになった」

ヒロキさん（41歳男性・俳優）

ぼくには、ナルシストの気《け》があるのか、とくに思春期のころは「他人に格好よく見られたい」という思いがありました。だからなのか人前に出ると疲れてしまったものです。

俳優になってからも「見られている」というほうに意識が行ってしまうことが再三でした。そうすると芝居がおかしくなる。散漫になってしまうのです。これはきっと、みなさんが人前でスピーチをするときでも同じだと思います。

「伊藤式・緊張撃退メソッド」を始めてからは、「そうか、芝居そのものに集中すればいいのか」と気づかされました。そして自分の中で意識をコントロールできるようになりました。

「伊藤式・緊張撃退メソッド」以外では、この本の後半で紹介されていますが、緊張体質をじっくり改善していくことができる「リラクゼーション」（158ページ参照）がお気に入りです。

けっこう効果がありますよ。自分の内側に意識を持っていくことで、他人の目が気にならなくなるのです。

他人の目を気にするぼくにピッタリのエクササイズです。

「伊藤式・緊張撃退メソッド」とつきあうコツみたいなものがあるとすれば、自分に合っているかどうかなどと考えるよりも、自分の楽しさを優先することだと思います。

だって、テレビゲームをやっていて緊張してる人っていないですよね。

要するに楽しいことをやっているときって緊張しないんです。ですから「伊藤式・緊張撃退メソッド」で緊張をとろうとするのなら、自分にとっての楽しさを優先したほうがいいと思うのです。

ぼくは、オーディションなどでも、真面目になりすぎて緊張することが多かったのですが、伊藤さんのメソッドのおかげで、緊張する場面でも楽しめるようになってきました。

すると、不思議と結果もともなってきて、感謝しています。

【体験談】

「緊張と恐怖感で『NO』が言えなかった私が、いま、少しずつ変わっていく実感が」

I・Yさん（45歳女性・主婦）

子どもの頃から人前で自分の意見を言うのが苦手でした。苦手というよりも、人前で自分の意見を言うのが怖い、といったほうが正確でしょうか。

友だちに「どう思う？」とか聞かれても、何も言えないのです。言いたいことがないわけではないのに、人前でしゃべると考えただけで緊張感と恐怖感に包まれてしまうのです。

意見ばかりか、〝正解〟も言えませんでした。

私の小学生時代は、授業中に先生が質問を出して、「これ、わかる人！」などと挙手をうながすことがよくありました。

私は、答えがわかっていても手を挙げられませんでした。

もし指名されて、「○○さん、答えは？」なんて聞かれたら、怖くて絶対に何も言えないからです。

そんな私ですから、相手に対してNOも言えませんでした。

「○○ちゃん、今日、これから遊びに行っていい？」

などと聞かれると、本当は家でやることがあっても、つい、うなずいてしまうのです。

大人になってからも、それは治りませんでした。

20歳くらいになると、周りにも「彼女は何を頼んでもNOと言えない」とバレてしまっていたようです。

ですから、仲間内の会計係とか連絡係とか損な役回りばかり引き受けさせられていました。

でも、私にとっては、勇気を振り絞って「そんな係なんてイヤ」などと言うよりも、黙って与えられた役割に甘んじるほうがラクだったのです。

結婚して子どもができてからは、PTAや町内会活動でも、損な役を押しつけられていました。

そんな私が「伊藤式・緊張撃退メソッド」に出合ったのは1年ほど前のことです。最初にやり方を見てみましたが、私にとってはとてつもなく高いハードルで、「こんなことできない……」と思いました。

声を出さずに振りをするだけでもいいものもありましたけど、それでも私にとっては富士山のように高いハードルでした。

でも始めないことには、ずっとこのままなのか……。

あるときそう思った私は、声を出さずにシーン1の3つをやってみました。

「笑い方7変化」は鏡の前でやってみました。やっているとき、鏡の中の自分と目が合いました。

自分の表情を見て、私はびっくりしてしまいました。

「私が楽しそうにしている！」

それからは「伊藤式・緊張撃退メソッド」をやるたびに、少しずつですけど、自分が解き放たれていく自覚がありました。いつもお腹に溜まっているように感じていた重たい空気がスーッと溶けていく感覚がありました。

いまはまだ、ＰＴＡでも友だちにも「ＮＯ」は言えませんが、きっともうすぐ言えるようになる予感があります。

そんな日が訪れるのを楽しみに、「伊藤式・緊張撃退メソッド」を続けていくつもりです。

【体験談】

「子どもたちを前にガチガチにならずピアノを弾けるようになった」

M・Yさん（32歳女性・ピアノ教室主宰）

私は5歳くらいからピアノを習ってきましたが、発表会という名がつく場面で弾くと、必ずといっていいほどミスタッチ（弾き間違い）をしてきました。緊張のせいです。

先生との1対1の普段の練習ではちゃんと弾けるのに、発表会となると、たとえ観客が5人くらいでも、もうダメなのです。

実際はそんなことないのでしょうが、すべての視線が私の一挙手一投足に注がれているように思えてしまい、緊張で身も心も固くなってしまうのです。

本番の2~3日前から胸のドキドキが始まり、本番直前ともなると、季節にかかわらず手足が冷え切ってしまいます。

かじかんだ手は思うように動いてくれません。

学生時代は、規模の大きなコンクールにも2回エントリーしましたが、2度ともひどい緊張に襲われ思うように弾くことができず、1次予選でふるい落とされてしまいました。

ひそかに抱いていたプロになりたいという夢も、諦《あきら》めざるを得ませんでした。

私の緊張体質は、音大を卒業してピアノの指導者になってからも変わりませんでした。

何人かの子どもたちを相手に「こうして弾くのよ」と見本を示そうとすると、緊張で指が思うように動かなくなってしまうのです。子どもたちの視線が怖いように感じられてしまいます。

そんな私を見かねたのか、母親がいろいろと調べてくれたみたいで、「こんなのがあるんだけど」と教えてくれたのが「伊藤式・緊張撃退メソッド」でした。

「何も考えずに身体を動かすだけでいいんだ……」

そう思った私は、ものは試しで「笑い方7変化」「ジブリッシュ」「悪役レスラー登場」をやってみました。

最初は、一人のときに自分の部屋でやるのも気恥ずかしさと躊躇がありましたが、誰も見ていないのだからと自分に言い聞かせ、いつの間にかけっこう大胆にできるようになりました。

現在、「伊藤式・緊張撃退メソッド」を始めてから3カ月ほど経っていますけど、気がついたら子どもたちの視線があまり気にならなくなり、あまり固くならずにピアノが弾けるようになってきているようです。

今ではほとんど毎日、教室が始まる前に3つをセットにしてやっています。

「伊藤式・緊張撃退メソッド」は、「こうしなければダメ」という縛りがなく自由度が高いので、けっこう気に入っています。

最近は表情も明るくなったのかもしれません。

「先生、いいことあったの？　前より元気そうだよ」などと子どもたちにも冷やかされるしまつです。

長く悩まされ続けた緊張体質が、少しずつですが溶けてくれているようです。いまはまだ無理ですが、人の視線がまったく気にならなくなったあかつきには、小さな小さなコンサートを開いてみたい。そう思えるまでになりました。

かつてはプロになることを夢見て挫折した私が、30歳をすぎてからまた夢を見られるなんて……。そんなこと、夢にも思っていませんでした。

【体験談】

「大柄で声も大きいのに緊張体質。最近やっと部下の目を見て話せるようになった」

K・Sさん（48歳男性・会社員）

私は体格的に大柄で、声も大きいほうなので端《はた》からは緊張するタイプには見えないかもしれません。

でも、じつはけっこうな〝緊張しい〟で、気も弱いほうです。

とくに人と接するのが苦手です。なかでも年下の部下と接するのが苦手です。

ついでに言うと、人の目を見て話をするのがとても怖いです。

声が大きいというのも、緊張からきていると自分では思っています。

防御本能というか、反論されるのがイヤで、大きな声を出しているだけなのではないでしょうか。

部下に対しても、つい大きな声で指示をしてしまいます。

しかし、外見からはこうしたことがイメージしにくいためか、会社ではプロジェクトチームのリーダーを拝命することが何度かありました。

でも、私がリーダーだと組織がなかなかうまく回りません。

部下に何か聞かれても、ていねいに説明できないことが多いのです。

相手の目も見ずに大きな声で命令調や断言調で話してしまうので、会話が成立しません。

同僚からは「そんなに怒ったように言わなくていいじゃないか」と注意されることもありますが、緊張でいっぱいの自分にはそういうしゃべり方しかできないのです。もちろん、自分では怒っているつもりはありません。

ですから、プロジェクト内はコミュニケーション不足になりがちで、「あの人はパワハラ体質だ」などと陰口を言われることもあったようです。

そんなことが続けば、リーダー失格です。そういえば、プロジェクトチームの長を命じられることも少なくなってきているようです。

さすがに、これではまずいと思って、「緊張をとる」と謳《うた》う本を何冊か当たってみましたが、たいていの本は〝いざというとき〟に対応していて、日常的に緊張に悩まされている私にはあまり役立ちませんでした。

そんな、途方に暮れかけているときに出合ったのが「伊藤式・緊張撃退メソッド」です。

正直に言うと、最初は「えっ、緊張ってこんなに簡単にとれるの⁉　まさか……」と思ってしまいました。

でも、試してみないとわからないと思い直し、チャレンジすることにしました。

それに加えて日常的緊張をとるための「リラクゼーション」もやってみました。

何度か試しているうちに、心や身体の中にあった重石がとれていくような感覚がありました。そして、「自分はずいぶん無理して気張って生きてきたのだな」と思いました。

「伊藤式・緊張撃退メソッド」を始めて約1年。「リラクゼーション」は今でも続けていますが、他にも大事な会議があるときはシーン1の3つをやってから出かけるとか、いろいろと楽しんでいます。

おかげで緊張する度合いが徐々に軽くなってきているようです。威圧的な雰囲気も少しはおさまってきたようで、ときたま部下が世間話をしてくることもあります。そんなときは極力、部下の目を見て話すようにしています。まだ、しっかり見るのはちょっと怖いですけど（笑）。

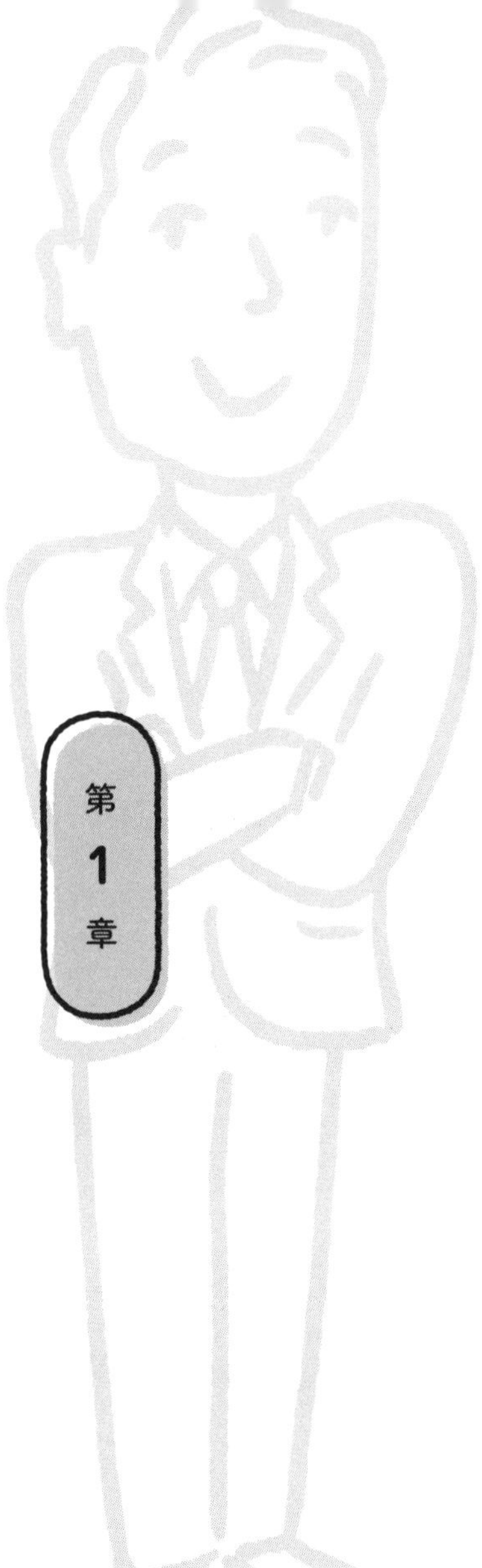

第1章

緊張の正体を知る。それだけで心は楽になる

どうしてあなたは大事な場面でテンパってしまうのか？

まずは〝敵〟を知ることから始めましょう。

そもそも緊張とはなんなのでしょうか？

医学的には、緊張とは脳内ホルモンの一種であるノルアドレナリンが過剰に分泌されることで、交感神経が活発になりすぎて自律神経のバランスが崩れてしまった状態をいいます。

その結果、心拍数が上がり、動悸が激しくなり、手足や声は震え、冷や汗が出たり、顔が火照《ほて》ったり（赤面）するといった〝症状〟がもたらされます。

みなさんが大事な場面で、胸がドキドキしたり足がガクガクしたり、声が震えてしまったりするのは、医学的には自律神経の乱れに原因があったのです。

そんな状態では当然、不安がいっぱいで、判断能力にも著《いちじる》しく欠けるでしょう。

いってみれば頭が真っ白——。それが医学的には緊張状態なのです。

たとえば、いまこの瞬間、お腹を空かせた獰猛《どうもう》なライオンに対峙《たいじ》してしまったとしましょう。

すると、あなたの交感神経は一気に活発になり、自律神経のバランスが崩壊し、逃げ出そうにも頭の中は真っ白。冷静な判断ができず、その場でガチガチになってしまうことが想像できませんか？　これがまさに究極の緊張状態です。


日頃から「緊張しやすい」と自覚がある人は、ライオンが「会議」であったり、「上司への報告」であったり、「初対面の人に会う」であったりするのでしょう。


ライオンを怖がるな、といっても無理ですよね。緊張というのは、もともと人間に備わっている本能的な反応ですから。

でも一方で、会議がライオンだなんて大げさな、と笑う人もいるでしょう。そのような「緊張しない人」と「緊張する人」には、心の奥底にどんな違いがあるのでしょうか？

真面目で責任感の強い人ほど緊張しやすい

「緊張しやすい人」には、どんな特徴があるのでしょうか？

私は、その人の心の奥底に「大事な場面を無事に乗り切りたい」「何事もなく平穏に終わってほしい」「きちんと済ませて責任を果たしたい」などという思いがあることから緊張が起こると考えています。

そんな思いを私は〝成功への葛藤〟と呼んでいます。

あなたが緊張して失敗してしまった大事な場面を振り返ってみてください。

・プレゼンテーションで言うべきことを忘れて言葉に詰まってしまった。

・商談の席で自分の会社の商品説明がうまくできなくて取引が成立しなかった。

・PTAの会合で思わぬ反論を受けて、自分が言わなくてはいけないことをきれいに忘れてしまった。

そのとき、あなたには、「責任を果たさなければ……」といった気持ちはありませんでしたか?

「成功への葛藤」などというと、「成功したい!」という思いが強い上昇志向のかたまりのような人が持つイメージがあるかもしれませんが、そうではありません。**自分に与えられた役割をきっちりと果たしたいと考えている真面目で責任感の強い人こそ、そんな思いにとらわれてしまうのです。**

一方、「緊張しにくい人」は、会議やプレゼンなどを「ライオンと対峙するような重大事」とは感じていないため、結果として自然体で話すことができてしまうのです。

「緊張しているからこそうまくいく」を信じたらダメ！

世間には「緊張しているからこそうまくいく」と考えている人がいます。いや、むしろこうした考え方が世の中の主流なのかもしれません。

演劇界でもそう考えている人は少なくないようで、演出家の中には役者さんの緊張を高めるために怒鳴り散らしているとしか思えない人もいます。会社でも、鼓舞《こぶ》するつもりなのか、怒鳴り散らして社員を緊張させる人がいるようです。

でも私は、「緊張しているからこそうまくいく」とはどうしても思えません。

「一流の俳優というのは、緊張しているからこそ大舞台で実力を発揮できるのではないですか？」

こんな質問を受けたときは、はっきりと「NO」と言わせてもらっています。

私は、リラックスした状態で物事に集中するには、変な緊張をとらなければならない、と考えています。

たしかに緊張していてもやれることはありますが、けっして演技のセオリーではありません。緊張が少しでもあると、身体や心が委縮してしまうのは、ビジネスパースンも役者も同じです。

人を感動させるほどのスピーチ、いや、そこまでいかないにしろ、スピーチで失敗しないためには、いっさいの緊張をとらなくてはなりません。

緊張しているからといってパフォーマンスは上がるわけではないのです。

私自身、緊張しやすい性格だからよくわかるのですが、緊張をうまくとれる人だけが〝いい仕事〟ができると考えています。

緊張と戦ってきた演劇人
スタニスラフスキーの教え

旧ソ連の俳優にして演出家、演技教師でもあるコンスタンチン・スタニスラフスキー（1863〜1938年）は、自然な演技を引き出すためには緊張をとることが大切だと考え、そのことを前提とした演劇理論を構築しました。

その集大成が「スタニスラフスキー・システム」です。そこには具体的な緊張のとり方も記されています。

スタニスラフスキー・システムが確立されるまでは、演劇界で名優と呼ばれるのは霊感の強い人、感性のいい人と信じられていました。

スタニスラフスキーはそうではなく、論理的な訓練によって多くの俳優が名優になれる可能性を発見したのです。

スタニスラフスキー・システムには、「心は直接操作できない」という教えがあります。

感情をこめろ、役になり切れ、勇気を持て、などと心を直接操作しようとしても、それは無理強いであり、かえって緊張はひどくなり、頭の中が真っ白になるだけだというのです。

内面は少しでも無理強いするとフリーズしてしまうというわけです。

その一方でスタニスラフスキーは、心は間接的には誘導できることを発見しました。つまり、操作できる「身体」を使うことで、直接操作できない心に影響を与えることに気づいたのです。

難しいですか？　実例を挙げて説明させてもらいます。

たとえば、会話のとき。ふつうは相手の目を見ますよね。じつはそうしないでしゃべることで、嫌な気持ち、相手を避けたい気持ちが自然とよみがえってくるのです。

なぜかというと、日常的な言動をすることで、自分自身の感覚・感情が呼び覚まされるからです。

そうすると、日常生活のような自然さで、その作品が求めている的確な演技ができるようになります。

スタニスラフスキーはこういった方法を紹介しています。

スタニスラフスキー・システムはやがて海を渡り、リアリティのある自然な演技で世界の演劇界に革命を起こしました。

当時、アメリカではハリウッドの無理強いともいえる大げさな演技が主流でしたが、自然な演技を提唱するスタニスラフスキー・システムは、ニューヨークの俳優養成所アクターズ・スタジオで研究され続け、「ザ・メソッド・アクティング（メソッド演技）」として独自の発展を遂げました。
「20世紀最高の俳優」と評されるマーロン・ブランドや、ロバート・デ・ニーロ、アル・パチーノなどの名優も、このメソッド演技を学んでいます。

じつはここまでは前置きです。

私がここでいちばんお伝えしたいのは、このスタニスラフスキー・システムやメソッド演技が、みなさんの緊張をとるのに大いに役立つということです。

私は、スタニスラフスキー・システムをもとに「伊藤式・緊張撃退メソッド」をつくり上げました。
その理論的バックボーンになっているのが、スタニスラフスキーの「心は直接操作できない」という教えです。

ビジネスの世界では、朝礼などで、
「目標達成まで頑張るぞ」

「〇〇個売るまで帰らないぞ」

「心をこめて売ってくるぞ！」

などと社員全員で大声で唱えるケースがあるようですが、このように気勢を上げることで物事がうまく運んだという話は寡聞《かぶん》にして耳にしたことがありません。


なぜなのでしょうか？

もう、言うまでもありませんよね。

目標設定が誤っているわけでも、声の出し方が足りないわけでもありません。

それらはみな、心を直接操作しようとするものだからです。


世の中には、これで緊張はとれます、こうすれば緊張せずに済みますと謳《うた》う方法がいろいろと広まっています。

・「私は緊張しない」と心の中で唱える

・集中すれば緊張なんてしない
・心を無にすれば大丈夫

などなどですが、私はこうした方法がどこまで効果があるのか懐疑的《かいぎてき》です。
なぜなら、これらの方法はみな、一見、一理ありそうでも、心を直接操作するやり方だからです。

「伊藤式・緊張撃退メソッド」は、これらとは違い、心を直接操作するのではなく、行動によって「心」を誘導するものです。

極端に言うと、自分の身体を動かしさえすれば緊張がとれるのです。ですから、あなたの役に立つものと確信しています。

俳優が密かに実践している緊張をとる訓練法を一般向けにアレンジ

私が関わり始めたころの演劇界は、本来操作できないはずの心を直接操作しようとする指導法が主流を占めていました。

「設定を信じろ」「集中しろ」「感じろ」「楽しめ」などという演技教師のきびしい言葉が毎日のように飛び交っていました。

私自身、そんな言葉を浴びせられ、かえって緊張を高めてしまった経験が何度となくあります。

それは俳優の世界だけでなく、ビジネスパーソンも同じで、「仕事への意識を変えろ!」「やる気を出せ!」などと上司が怒鳴り声をあげて心を直接操作する言葉を吐くような環境では、緊張するなというほうが無理な話でしょう。

私は、スタニスラフスキーの演技理論や訓練法と出合い、それらを学ぶうちに緊張のメカニズムを知るようになりました。

そしてこの20年ほどは演技トレーナーとして、よい演技の大前提である緊張をとる訓練を実践してきました。

その間、実践の繰り返しの中で、効果の低い練習法をカットし、効果の高い練習法に何度となく改良を加え、カリキュラムをブラッシュアップしてきました。

本書で紹介していく、緊張をとる技法である「伊藤式・緊張撃退メソッド」は、俳優に実践してきた訓練法を一般向けにアレンジしたものです。

ここで改めて「伊藤式・緊張撃退メソッド」とはなんなのかを確認しておきましょう。

ひと言でいうなら、**「素の自分」から「別の自分」に自動的に切り替えてしま**

うことで、「緊張しない自分」を目指そうというものです。

つまり、別人になってしまえば緊張しない、というわけです。

このメソッドのベースは、演劇の役者さんが別人を演じるために行っている方法です。

性格そのものは変えられなくても、本番前にこのメソッドを行えば、あなたはその瞬間だけは、別人になれます。大勢の前で話すのも、会議に出るのも怖くないあなたになれるのです。

「役者でもない自分が、別人になんてなれるのだろうか？」

そんな疑問をお持ちの方もいると思います。

改めて断言させてもらいます。できます。間違いなくできます。

なぜなら、あなたはただ「伊藤式・緊張撃退メソッド」を実行するだけでいいのですから。

メソッドを実行すると、胸のドキドキや手足の震えといった症状が出ている人は冷静さを取り戻し、不安や恐怖心で心が萎縮している人には逃げ出さない勇気が芽生えてきます。

「ライオン（人前で話す）なんて怖くない」ことに気づけるのです。

キモは、考えるより先に行動すること。そうすることで心は勝手に誘導されます。

落ち込んで心が内向きになってしまって、うつむき加減で歩いているときに、町なかからあなたの大好きな歌が流れてきたとしましょう。なにげなく口ずさみ、上を向いて歩いてみたら、それだけで気持ちが楽になったことはありませんか？

それが、考えるより先に行動するということです。

「伊藤式・緊張撃退メソッド」は、思考を停止し、「緊張している人が絶対しない行動」によって、心を楽しませます。

すると、心は勝手に「緊張」から「楽しい」に誘導されていくのです。

緊張しているとき、人は楽しくありません。その逆で、楽しいとき、人は緊張していないのです。

繰り返します。あなたはただ「伊藤式・緊張撃退メソッド」を行えば、別人になることができ、緊張していた自分を手放すことができるのです。

このメソッドを学びマスターすることで別人になって、みなさんがそれぞれの舞台で伸び伸びと活躍できることを確信しております。

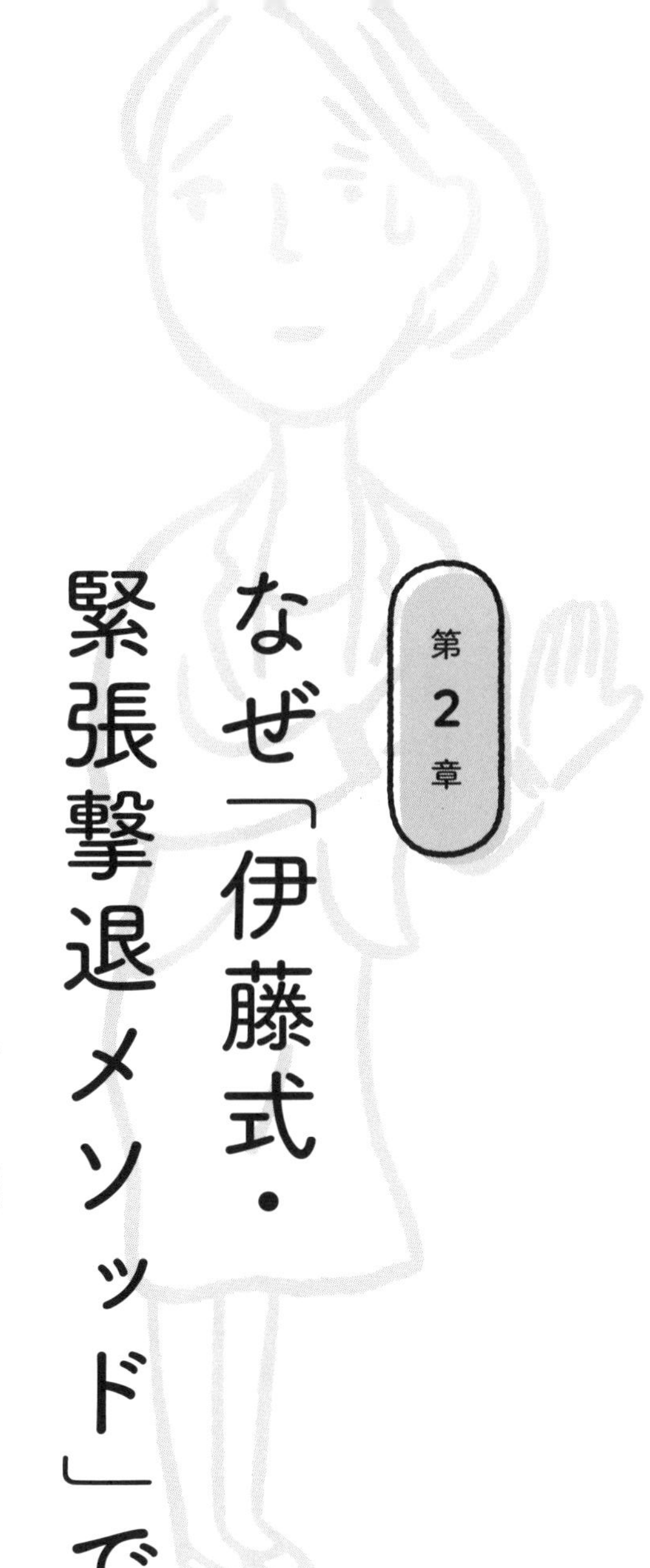

第2章

なぜ「伊藤式・緊張撃退メソッド」であなたの**緊張**はとれるのか？

心は直接操作できない。けれど肉体的アプローチで変えられる！

この章では「伊藤式・緊張撃退メソッド」がどのようにして緊張をとっていくのか、そしてそれがいかに有効な方法であるかについてお話ししていきます。

胸がドキドキする、手足の震えがとまらない、不安で心が委縮しまくっている……。しかも大事な場面にかぎって、そうした症状があらわれる……。

緊張ほどやっかいなものはありません。

知り合いのD君（30代）は、ある企業の面接試験を受けることになりました。順番待ちをしている間に、緊張はどんどん高まっていきます。

出発前、自宅でシーン1をこなし、楽しい気分になることができたのですが、面接会場に向かっているうちに再び緊張に襲われてしまったようです。

「ここでつべこべ考えてもしかたない。まず行動してみよう」

そう考えたD君は、近くのトイレに向かいました。幸いだれもいません。そこでD君はシーン2の「その場ダッシュ」を敢行したのでした。

日頃は真面目で、引っ込み思案のD君ですが、素の自分ならできないことを思い切ってしたことで、緊張から意識をそらすことができたのです。

D君は、面接会場近くでたった20秒ほど「伊藤式メソッド」を行うことで、別人のように落ち着いた気分になれたといいます。おかげで面接では、やや意地悪な質問も出たものの、緊張から解放されたD君は、そつなく対応することができたそうです。

面接会場で「大丈夫。僕は緊張していない」と言い聞かせて心を操作しようとしていたら、このような結果は得られなかったことでしょう。

「伊藤式メソッド」で脳を楽しませ、自分を壊し、緊張しない別人になろう！

さて、ここで「伊藤式・緊張撃退メソッド」の効果・効能について改めて確認しておきましょう。

すでに「はじめに」で紹介したように「伊藤式・緊張撃退メソッド」はシーン1とシーン2に分かれています。

シーン1は、大事なイベントがある当日、出発前に自宅で行います。①笑い方7変化（2分）〜②ジブリッシュダンス（2分）〜③悪役レスラー登場（1分）の順に行います。

シーン2は、会場入りしてから仕上げ的に行うもので、④その場ダッシュを20秒ほど実行します。また、現場で急に緊張を感じたときには、緊急時の対応として⑤本番直前の4つのお守りを行います。

では、それぞれの効果・効能や狙いについて見ていきましょう。

［SCENE1］

①笑い方7変化

不安や物怖じする感情がとれ、脳が楽しくなってきます。

とにかく、いままでの人生でやったことがないような大げさで大胆な笑い方を目指してください。大口を開けたり、腹を抱えるのも、もちろんOKです。

鏡の前で行うと自分の変化を感じとれて、より効果的です。

②ジブリッシュダンス

緊張してしまう自分を壊すために行います。

無理やりにでも楽しい状態を作り出すにはもってこいの方法です。楽しい状態になれば、常識にとらわれて緊張してしまう自分を壊すことができます。

とくに理性的な人にはジブリッシュが有効です。

理性的な人ほど慎重になりますが、過度の慎重さは緊張につながります。ですから緊張をとるには理性をゆるめ、自分を壊す必要があります。そうするにはジブリッシュがぴったりなのです。

ここでジブリッシュの変形パターンを紹介しましょう。題して「ジブリッシュで掃除」。

ジブリッシュを行うと、楽しい気分になり、緊張しやすい自分を壊すことができるのは前述のとおりです。

ただ、めちゃくちゃ言葉を好き勝手に話す方法だけに、とくに覚えたてのタイミングではともするとワンパターンになりがちです。

そうなると効果が弱まる可能性もあるので、変形パターンも用意しました。

【 やり方 】

「ジブリッシュの変形パターン」

ジブリッシュを行うと、無理に楽しくなろうとしなくても
楽しくなりますが、へたをするとワンパターンになってしまいます。
そんなとき、「ジブリッシュで掃除」を行えば、
新鮮な気分になり、楽しくなるスピードが加速します。

ジブリッシュで楽しくなったら、
その気分のまま掃除を始まる。

掃除を意識しながらも、ただ声を発しているだけでなく、
会話しているようにする。

アドバイス

- ジブリッシュではしゃべり方が
「あー」とか「うー」と単調になりがちですが、
日常会話程度の滑舌でいろいろな音を使ってみましょう。

このようにジブリッシュは他の行為と組み合わせて行うことができます。通勤中や散歩中に、なんちゃって外国人になったつもりで行うのもいいでしょう。

もちろん、あんまり大きな声を出すと変な人と思われてしまいますから（それでも構わない人はぜひ！）、小声やエアー（口パク）で行うだけでも楽しい気分になるはずです。

③悪役レスラー登場

激しく毒を吐くことで緊張で委縮している気持ちを上向きにします。別人になるための橋渡し役的な存在です。

「ババ、このヤロー、テメー」などのマイクパフォーマンスで一世を風靡《ふうび》したのがプロレスラーのラッシャー木村さんでした。

ラッシャー木村さんを真似てダミ声で「おい、○○、テメー、このヤロー、昨日の朝礼での態度はなんなんだ！」などとイヤな上司の名前を挙げて罵倒するのもいいでしょう。

以上、シーン1の「笑い方7変化」「ジブリッシュダンス」「悪役レスラー登場」を紹介しましたが、この3つのパフォーマンスはセットで行ってください。

繰り返しになりますが、緊張しているときに、人は「楽しくない」「自分の殻に閉じこもっている」「心が萎縮してテンションが低い」状態になっています。

伊藤式メソッドはこれらの状態を、「笑い方7変化」によって「楽しい」状態に変え、「ジブリッシュダンス」によって殻にこもった自分を壊し、「悪役レスラー登場」によってテンションを上げ、緊張しない別人になろうという試みです。

理屈はここまでで、あとは実践するのみ。これまで会ったことのない「自分」に出会えます。それは快感ですらあります。ぜひ、実践してみてください。

本番直前にドキドキしてきた…!!
そんなとき役立つ4つのお守りメソッド

基本的には、「伊藤式・緊張撃退メソッド」の①～③で、あなたは緊張とは無縁で本番を迎えられます。

でも世の中、どこに落とし穴が潜んでいるかわかったものではありません。

プレゼンテーションの出番を待っているときに、後ろを通りかかった上司から「頑張れよ！」と肩を叩かれたとたん、とれたはずの緊張がよみがえってしまった。

面接試験の際、開始予定時間を大幅にすぎても名前を呼ばれず、「どうしたのだろう!?」と考えているうちに、動悸《どうき》が激しくなってきた。

このように本番では何が起こるかわかったものではありません。「伊藤式・緊張撃退メソッド」は、そんな事態も想定して、緊急時のための対処法も用意しています。それが「伊藤式・緊張撃退メソッド」のシーン2の④と⑤です。

いずれも身体に意識を向けさせ、緊張を引き寄せないようにする狙いがあります。
⑤などは、順番待ちの列にいたとしても、人知れず簡単に行うことができるメソッドです。それでは具体的に④と⑤を紹介していきましょう。

［SCENE2］

④その場ダッシュ

駆け足をしているつもりで、その場でモモ上げダッシュをすることで身体を疲れさせ、緊張から意識をそらします。

⑤本番直前の4つのお守り

本番直前の現場では何が起こるかわかったものではありません。そんなときのための〝お守り〟もあるから安心と思うだけでも心強いでしょう。

■**超低速・手あげさげ**

「はじめに」の【やり方】どおりにスーハーと呼吸しながら、ゆっくりと腕を上下させます。

身体に意識を持っていくことで心に興奮が行かなくなるので、落ち着きを取り戻すことができます。

「超低速・手あげさげ」を行う際、腕はできるだけゆっくりと上下させます。そのとき、両腕に意識が行くので呼吸がおろそかになりがちですが、呼吸を止めないように注意しましょう。

また、腕をゆっくりと降ろすとき、「もっと早く」と思うかもしれませんが、〝ゆっくり〟を楽しむつもりで行ってください。

■全身グッ・パー

「全身グッ・パー」の狙いは、緊張で力んでいる身体にさらに強い力を加えることで、逆に力めなくすることです。

「パー」では一気に力を抜くようにしましょう。

■肩ストン

肩を上げるときは息を吸いながら、下げるときは息を吐きながら行います。

緊張して力んでいる肩から荷物がなくなるように楽になります。

■地響き呼吸

吸うときは一気に大きく、吐くときは地響きのような音を立てながら一気に行います。呼吸に意識を持っていくことで、緊張がやってくるのを阻止します。

横隔膜を動かすことで内臓がリラックスして気が高まる効果もあります。

「伊藤式・緊張撃退メソッド」はできる限り大げさに行うと効果的

「伊藤式・緊張撃退メソッド」を行うに当たっては、とくにコツのようなものはありませんが（それだけ簡単だということです）、心がけてほしいのは、できるだけ全力で大げさにやるということです。

自分で「やりすぎだよなあ」と感じるくらいではまだ足りないかもしれません。
許される限りの大声を出し、アクションもこれでもか！　というくらい大きくやってみてください。

なぜ、そこまでやる必要があるのでしょうか。

ここでの狙いは、脳を楽しませ、自分を壊し、萎縮した心を解放して別人のようなテンションになることです。

真面目なあなたは、初めて「伊藤式・緊張撃退メソッド」を行う際も、「きちんとやらなければ」などと考えがちではないでしょうか。

ここでは、そんな〝縛られた思い〟は捨ててください。細かいルールなどないのが「伊藤式メソッド」です。この際、いわゆる常識を大きく大きく外れる気持ちで、取り組んでもらえたらと思います。

それが、あなたが「別人」になれる早道でもあるのですから。

演技、スポーツや音楽、ダンスなどでは、ていねいにやろうとするとパフォーマンスが小さくなりがちです。ですから「やりすぎ」はパフォーマンスの準備段階で行うと有効なのです。

とくにスポーツの世界では「やりすぎ」がすでに定着しているように思います。

たとえば、野球のピッチャーは捕手が構えるミットに向かって投げる投球練習ばかりでなく、大遠投の練習も行います。
これなどはまさに「やりすぎ」といっていいでしょう。

大遠投を行うのはフォームが縮こまらないようにするためです。まず大きくやってみることでパフォーマンスが伸びやかになり、気持ちにも余裕ができます。

「伊藤式・緊張撃退メソッド」でもそれは同じで、やりすぎることでガチガチに委縮した気持ちがほぐれやすくなり、自分を壊すのも、別人になるのも容易になります。自由な感覚が芽生え、気持ちも楽になってきます。

くれぐれも「きちんとやろう」などとは考えないでください。

第3章

緊急事態にも ドギマギしない 心の持ちようと 対処法

本番に備えての練習では目標のハードルを低くして楽しもう

この章では、本番までどんな心持ちでいたらいいのか、どんな気持ちで練習したらいいのか、そしてどんな思いで「伊藤式・緊張撃退メソッド」に臨むといいのか、といったことを考えてみましょう。

心の持ちようはとても大事で、それ次第で「伊藤式メソッド」の効き目も変わってくる可能性がありますので、どうぞお聞き逃しのないように——。

本番に備えて練習することは必要です。そしてその際には、どんな気持ちでいるかも大切なことです。

真面目で誠実な人、つまり緊張しやすい人ほど出来について確認し、うまくできていないことがわかると落ち込んでしまうことがよくあるように思います。そうなると、練習に身が入らなくなってしまい、たとえ緊張は無事にとれたとしても、本番での成功はおぼつかなくなります。

では、どんな気持ちで練習すると、いい結果に結びつくのでしょうか。

ぬけぬけとウソをつけばいいのです。

たとえ噛んでしまったとしても、

「オレ、うまくできてるじゃん」と。

ところが真面目で誠実な人は、自分にすらウソをつくことが許せません。そして、できていない自分を追い込んでしまうのです。

そんな気持ちでいては事がうまくまわらないばかりか、緊張を呼び込んでしまうことになります。

プライベートであろうとビジネスであろうと、大事なことを迎えるに当たっては練習が必要なことは言うまでもありません。

でも、だからといって身も心も捧げるように真面目一本やりになるのはいかがなものでしょうか。

たとえば、結婚式に招待され、人前でスピーチを行う予定があるとして、練習のときにいちいち「うまくできているか」と執拗《しつよう》に確認したり、「ここがよくない」とひとつの箇所を繰り返し練習したりするのは、あまりおすすめできません。

こうした練習のしかたでは気分も盛り上がらないでしょうし、最終的には練習に力が入らなくなってしまうのではないでしょうか。

そんな状態で本番を迎えたら、うまくいかずによけいに緊張してしまうのは目に見えています。

練習では、結婚式当日に予定しているスピーチをなぞるよりも、漫才師が登場するときに発する「どうも～」というセリフを、いろいろなパターンでノリよくしゃべってみたほうがよっぽど効果が上がると思います。
そして、なんとか無事に練習が終わったあかつきには、
「オレって、なかなかやるじゃないか」
などとつぶやいてみる。

加えて「伊藤式・緊張撃退メソッド」を継続して行えば、脳が楽しくなってきて、結婚式当日が待ち遠しくなるかもしれません。

なにも自分でハードルを高くする必要はないのです。

他人に対してウソをつくのはよくありませんが、自分にウソをついたところで誰にも迷惑はかけません。

自分に対しては平気でウソをつけるくらいでちょうどいいのです。

「自分なんかうまくいくわけない」というネガティブ思考が緊張しないためのコツ

本番前、緊張はどの時点でいちばん高まるのでしょうか。

こんなテーマを本気で追究していたら、その時点を迎えるのが本当に怖くなってしまうので、これ以上の追究はしないこととします（笑）。

ただ、これまでの経験上、本番前日の夜などは、否が応にも緊張が高まってしまうのは間違いがないところでしょう。

私自身、それなりに準備を尽くしていたとしても、「これで大丈夫」「きっとうまくいくだろう」という気持ちには到底なれませんでした。

そんなとき、どうすれば多少でも緊張がやわらぐのでしょう。

私は「どうせ自分なんかうまくいくわけない」と考えるようにしていました。

なんとネガティブな、と思われるかもしれませんが、そう考えることで、うまくいくかな、どうだろう……などといった葛藤がなくなるのです。

「うまくやってやろう」などという向上心は、緊張感をあおるだけです。

ただ、練習だけは何度も何度もしました。

同じセリフをひたすら言い続けたりもしました。

私にとって「どうせ自分なんかうまくいくわけない」は、最終結論というよりも、始めるための合図、つまり入口のようなものなのです。

「成功している自分を思い描けばうまくいく」という教えには落とし穴がある

前項のように自分を低評価することで緊張の度合いを小さくする考え方がある一方で、逆に「成功している自分を思い描けばうまくいくし、緊張もしない」という教えを耳にすることもあります。

はたしてこの教えはどこまで有効なのでしょうか。

本当にこういった心持ちのおかげでうまくいった人っているのでしょうか？

少なくとも私の周りにはそういう人はいません。

かくいう私も、成功している自分を思い描いてもうまくいかなかったひとりです。

成功している自分を思い描くと、どうしてもハードルが上がってしまう。気の弱い私はそれだけで「失敗できない」という思いにとらわれ、心も体もガチガチに固まってしまったものです。

また、この教えでは、途中で失敗したときの面倒まではみてくれません。プレゼンテーションにしろヴァイオリンの発表会にしろ、それなりの長さがあります。一か八かの一発勝負ではないのです。

ということは出だしはうまくいっても、中盤や後半でミスをしてしまうことも考えられるわけです。

そんなピンチのとき、成功している自分を思い描いている人は、頭が真っ白になってしまうでしょう。

当然、緊張感もいっそう強くなり、「どうしよう!?」という思いが募《つの》り、気の利いた対処をすることがむずかしくなるはずです。

要するに「成功している自分を思い描く」という方法は、ミスに対して無防備なのです。

では、途中で失敗したとき、どうすれば新たな緊張に襲われずに済むのでしょうか。

私のおすすめは、諦《あきら》めることです。

「どうせ自分なんてうまくいくわけない」と。

これまた、なんとネガティブな……と思われるでしょうが、こう考えることで肩などに入った無駄な力がすっかり抜け、「伊藤式・緊張撃退メソッド」の効果も持続し、緊張とは無縁でいられるのです。

「どうせ自分なんかうまくいくわけない」は、前項のように練習中にも効くし、本番にも効くのです。

こう考えて本番に臨めば、ミスが出ても想定内なので、それなりの対処もできるはずです。

ちなみに漢語の「諦」は真理、道理を意味するそうです。

つまり「諦める」は、語源的には決してネガティブではなく、物事を明らかにする、詳《つまび》らかにするという意味合いなのです。

これを知ってから、「諦める」はますます私のお気に入りになりました。

“リラックスした集中”をマスターすれば あなた本来の力を発揮できる!

集中は緊張をとってくれます。

そして緊張がとれた状態では身も心もリラックスしています。

つまり、**緊張をとるためのひとつの手段が集中することであり、集中＝リラックスしている状態**、ということになります。

こういうと、意外に思われる方が少なくないかもしれませんね。

「集中すると緊張がとれるというのはわかる気がしますが、集中するには心身に力を入れる必要があるのではないでしょうか?」

リラックスした状態で緊張がとれるのですか?　とも言いたいのでしょう。

実際、集中というと、演技の世界でも初心者は、大きく息を吸って眉間に力を入れている姿がよく見受けられます。

言うまでもなくこれは緊張を呼び込んでいて、本当の意味の集中＝緊張がとれているのとはほど遠い状態です。

世の中には「緊張しい」がずいぶんと多いようですが、そのなかには性格的なことではなく、緊張をとるための方法論を間違えている人も相当数いるのかもしれません。

では、〝正しい集中〟つまり、緊張をとってくれる集中はどうしたら身につくのでしょう。

ここで毎日できる、簡単な練習方法をお教えしましょう。

テレビかラジオをつけて、そこでやっている番組のことがまったく気にならなくなるまで仕事をしたり、プライベートで気になっていることを考えてみてください。

はい、これだけでOKです。

この方法を行う際のコツは、集中できているかな、と確認しないことです。確認した瞬間に集中が切れてテレビに気が行ってしまいます。確認などせず集中していってください。

もちろん、一朝一夕ですぐできるようになるわけではありませんが、やがて集中とリラックスがバランスよく混じり合った状態（つまり、緊張とは最もほど遠い状態）があなたのものになるはずです。

この状態の究極型が「ゾーンに入る」といわれるものです。

プロ野球のヒーローインタビューで、ホームランを打った選手が「球が止まって見えた」というコメントをすることがありますが、これこそがゾーンに入った状態なのでしょう。

自分でも信じられないようなスーパープレイをやってのけられるのは、「ゾーンに入った」状態のときなのです。リラックスと集中がほどよく混じり合った状態で、こんなときほど最大限の能力が発揮できるのです。

ちなみに演劇用語では、この状態をサモチューフストビエと呼んでいます。

どんなに緊張する場面でも あなたなりの〝楽しい〟を 見つけるのが大切

本当の意味の集中はリラックスした状態でこそ可能となる。そして緊張をとるにはリラックスした集中が必要である、ということは前項でおわかりいただけたかと思います。

では、自分が「リラックスした集中状態」にあることはどうすればわかるのでしょうか。

これには確たる判断基準があります。

自分が楽しいか楽しくないか。この一点です。

ただし、自分は集中できているか、リラックスできているか、などと確認してはいけません。

そんなことを確認しようというのは、楽しめていない証拠です。楽しめているときは確認しようという気にもならないはずです。

子ども時代、夢中で遊んでいたときのことを思い出してください。野原を駆け巡り山賊《さんぞく》ごっこをしたり蝶や虫を採る。あるいは川にもぐってフナやザリガニを捕獲する。大阪の淀川《よどがわ》沿いで育った私は、遊んでいるとき本当に楽しかったことをいまでもよくおぼえています。

じつはこういうときこそが、いちばんいい形で集中してリラックスできているのです。そんなときに「オレ、楽しめてるかな?」なんて確認する子はいないはずです。

「でもそれは子どもだからできることで、大の大人が腹の底から楽しめることなんてそうはないんじゃないですか」

そういう声も聞こえてきそうですが、そんなことはありません。楽しみはいくらでも見つけることができるはずです。

本来なら緊張する場面を、想像力を駆使することで楽しい場面に替え、緊張を追い出してしまうという方法もあります。

たとえば、あなたが就職の世話をしてもらうために、初対面の年上の人と会う約束をしたとしましょう。

いってみれば、実質的な面接試験です。

そんなとき、どんな質問をされるのか、こんなことを聞かれたらどう答えようか、などと考えていると、ますます緊張を高めてしまうことになります。

緊張した状態では、自分の持っている力を100パーセント発揮できないことは、すでにあなたもご存じのはずです。

では、こんなときはどうしたらいいのでしょう。

開き直って楽しい想像をしてみるのです。

その人がどんな性格なのか、どんな人生を送ってきたのか、などをいろいろと想像してみるのもいいでしょう。

いまや業界の大物となったその人ですが、じつは意外とセコくて部下と飲むコーヒー代も割り勘にしているとか、奥さんに浮気がバレて以来、一日500円の小遣いしかもらっていないとか、好き勝手に想像の翼を広げてみるのです。

こうすることであなたはすっかりリラックス。年上の大物とも緊張せずに向き合えるのです。

棒読みの悩みがこれで解決！
人を引きつける話し方の練習

人前でしゃべらなければならないとき、ともすると棒読みになってしまうという悩みを抱えている人もいるかと思います。

本番中にそれを自覚して、「まずいな」と思った瞬間に緊張が高まってしまうこともあるかもしれません。

そんな事態を回避するために、ここでは棒読みにならないヒントをお話ししておきましょう。

演劇の世界には次のような練習法があります。

たとえば、せっかちで間抜けなキャラクターを演じることになったとします。

そんなとき、どんな練習をしたらいいのかというと、なんでもいいので、とにかくセリフを言ってみるのが有効です。

たとえば、「駅までどう行ったらいいんですか？」というセリフ。

これをいろいろと繰り返しやってみるのです。

そうすることで、最終的にその役柄にふさわしいトーンでセリフを言うことができるようになります。


この練習法が、あなたが人前でしゃべるときに棒読みにならないトレーニングにもなります。

セリフは、実際に本番の冒頭でしゃべるセリフがいいでしょう。

たとえばそれが「みなさん、こんにちは、そしてはじめまして。私は企画課の伊藤丈恭と申します」だとしましょう。


このセリフをダメ社員風、できる社員風、エラそうにしている政治家風、戦国武将風などといろいろとやってみるのです。

その際、「うまくできているかな」などと確認する必要はありません。確認すると自分を委縮させてしまうことになります。とにかく、面白がっていろいろやってみるようにしましょう。

ゆっくりめにしゃべったり、せっかちにしゃべってみたり。「聞こえないよ」と言われるくらいの小声だったり、大きなダミ声だったり……。

なんでもありです。

すると、不思議なことに最初は漠然とただセリフを言っていたのが、そのうちに「あれっ、ここはもうちょっと音を上げたほうがいいかな」「もう少し間をとったほうがいいかな」などと自然と思うようになります。

ここまでくれば、ひと安心。

いろいろなしゃべり方をしているうちに、自然と抑揚のついた話し方になりつつあるはずです。

あと数回同じ練習を繰り返せば、あなたはいままでの棒読みとは異なるしゃべり方を身につけることができるでしょう。

うまくいっているかどうかなどは気にせず、ひたすらいろいろなキャラクターになったつもりでセリフを言っているうちに、だんだん〝正解〟に近づいていくのです。

会議で急に指名されたとき頭が真っ白になったらどうするか？

予想外のことが起こると、瞬間的に緊張して固まってしまう人が多いようです。

たとえば、会議で急に指名され発言をうながされたとき。

そんなとき、立て板に水で思っていることを言える人はめったにいないでしょう。「何もありません」とか、「あー」とか「えー」などを連発し、詰まりながらしどろもどろになってしまうのがせいぜいでしょう。

それがフツーの反応であり、うまい受け答えができなかったからといって落ち込む必要はありませんが、可能ならそんな場面も、さほど緊張することなくうまく切り抜けたいものです。

そんなときはどうすればいいのか？

当然、「伊藤式・緊張撃退メソッド」を行う時間的余裕はありません。

私のおすすめは、「時間稼ぎ」です。

たとえば、「急なことなので考えがまとまっていないのですが」とか「思いつきに近いかもかもしれませんが」などと、とりあえず何か言って時間稼ぎをします。そうしているうちに頭の真っ白な部分が少しはおさまって、次のひと言が出てくるものです。

その際、いちばんよろしくないのは「困った！」「まずい！」などと、自分が急に指名されたことと向き合ってしまうことです。そうすることでますます緊張が高まってしまうのは言うまでもありません。

時間稼ぎができたあとは、意外とスムーズに自分の言いたいことが出てくるものです。

スピーチ中に言うことを忘れた！ どうすればテンパらずにすむ？

スピーチやプレゼンテーションなどで話しているとき、突然、次に言うべきことを忘れてしまった経験はありませんか。私自身、自分の言うべきセリフが飛んでしまい、頭が真っ白になってしまったことが何度かあります。

そんな苦い経験を活かして、みなさんにこうアドバイスしたいと思います。「思い出そうとしないでください。飛ばしちゃってOKです」

セリフを思い出そうとすると、「しまった！　早く思い出さないと」という焦りもあってますます緊張してしまいます。

だったら思い出すことを諦めて、次へ行ってしまうことです。たいていはバレないものだし、そう思ったほうがスムーズに事を進めることができるはずです。

忘れてしまったそのセリフは、なかったことにすればいいのです。

言うことを忘れてしまったとき、最悪なのは黙って固まってしまうことです。その時点で、周囲には「言うこと忘れたな」とバレてしまいます。

そんなときは、テキトーというと言葉が荒っぽいかもしれませんが、何か思いついたことをしゃべればいいのです。自分では「中身がないよな」と思っても、聞くほうはそれほど真剣に耳を傾けているわけではない、くらいに思っていたほうが、そもそも緊張せずにすむはずです。

以上、二つの項目で緊急的な事態を迎えたときの対応策を紹介しましたが、大事なイベントがある当日だけでなく、日常的に「伊藤式・緊張撃退メソッド」を行うことで、こうした緊急事態そのものが少なくなっていきます。「伊藤式メソッド」とのつきあい方の一例として知っておいてもらえたらと思います。

「滑舌に不安」「話し声が小さい」そんなあなたにおすすめの練習法

さて、ここからはあなたの〝悩み〟に個別に対応するプラスアルファの方法を2〜3紹介させてください。

●発声や滑舌に不安がある人向けの練習法

「聞き取りにくい」「もっとはっきりしゃべってよ」。話していてそんなことを言われたことがある人も少なくないでしょう。そんな人に適したトレーニングがあります。「レロレロ」は、口を大きく使うことで、声がこもらないしゃべり方になるトレーニングです。「滑舌棒」は、舌を不自由な状態にして発声することで、滑舌をよくするトレーニングとなります。

【 やり方 】

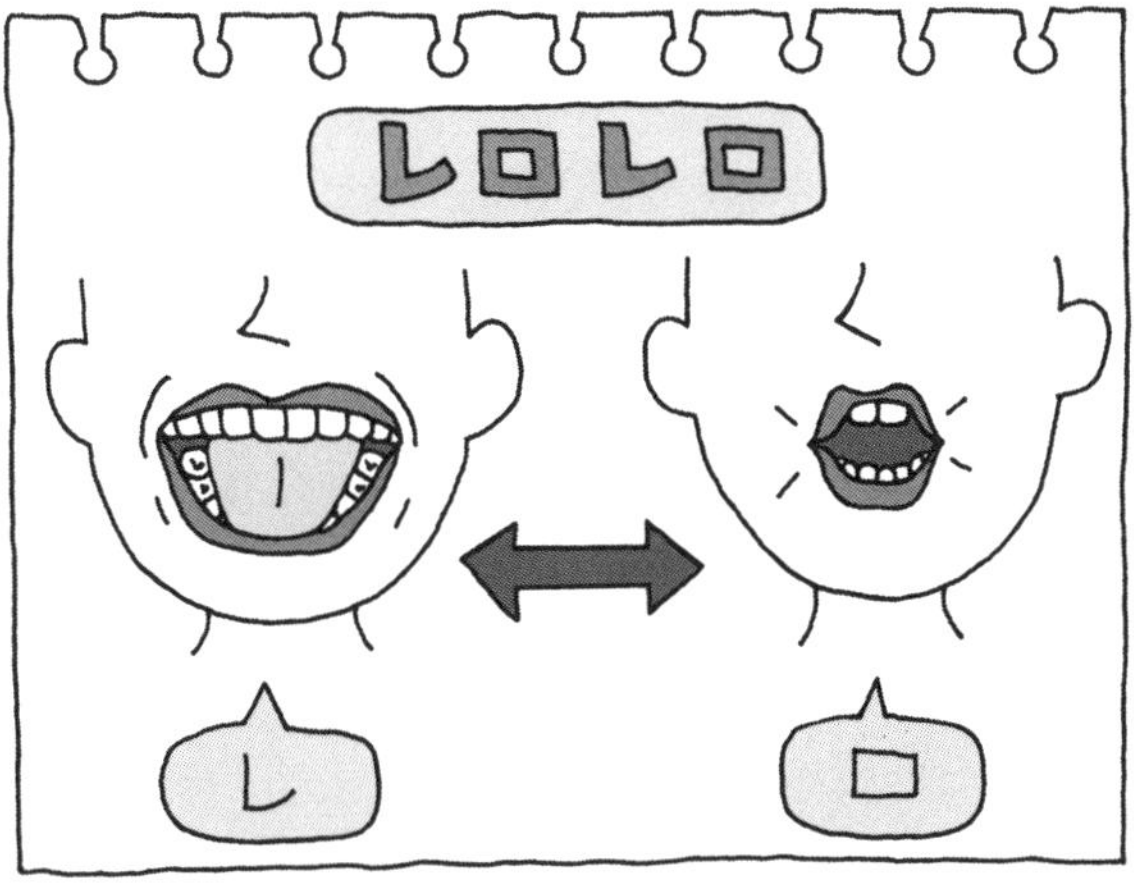

滑舌と発声を改善するトレーニング①

口をはっきりと大きく使うことで
滑舌よく、声がこもらないしゃべり方になります。

「レ」は唇が横に引っ張られる感じで、
「ロ」は唇をすぼめて前に突き出す。

「レロレロ……」と続けて20回言う。

アドバイス

■ 舌も活発に動くようにして、慣れてきたら
スピードを上げます。
あくまで練習なので、日常での口の開き方よりも
極端な口の形にします。

【 やり方 】

滑舌と発声を改善するトレーニング②

わざと舌と唇を不自由にして負荷をかけると、
後でギプスを外したように自由にしゃべりやすくなり
滑舌もよくなります。毎日2～3分でも行えば
効果が大きいですし、本番直前にやれば即効性を期待できます。

割箸を横にして両方の奥歯で噛みしめる。

舌が不自由な状態のまま、「東京特許許可局、許可局長の許可」
「この竹垣に竹立てかけたのは、竹立てたかったから、
竹立てかけたのです」など早口言葉の練習をする。

アドバイス

■ 話しにくくても、できるだけ滑舌よく話すように
努力してみましょう。割箸の代わりに指を使ってもできます。

話し声が小さい人向けの練習法

「聞こえないよ」「もっと大きな声でしゃべれないの⁉」などと、声の小ささをあげつらわれた経験のある人も少なくないでしょう。

こんな人は、大人数の前で自己紹介しなければならないときとか、プレゼンテーションで発表しなければならないときなどは、たとえマイクを使えるにしてもユーウツでしかたないはずです。

自分の話し声が小さいというだけで緊張が高まってしまうこともあるでしょう。ここでは、そんな人向けに、話し声の小ささが解消できるトレーニングを紹介しましょう。題して「全力でやりすぎる」。

どんなセリフでもかまいません。

本番ではあり得ないほどの大きな声、オーバーアクションでやってみてください。

たとえば、「みなさん、はじめまして、こんにちは！　私こそが世界中から愛されている伊藤丈恭です」というセリフにしましょうか。

これを出せる限りの大声で、大きな身ぶり、手ぶり、加えて足を上げたり、しゃがんだり、飛び跳ねたりしながら、やってみてください。

その際、「うまくやろう」などと考える必要はありません。いや、考えてはいけません。いい声を出そうとか、ていねいにやろうなどといったことも考えずに、乱暴な感じでもかまわないので、とにかく大きな声を出すこととオーバーアクションに徹してください。

一段落したら、今度は普通にしゃべってください。

いかがですか？　大げさ↓普通を繰り返すことで、あなたの話し声は、以前よりも大きくなっているはずです。

このような各論的なやり方で自分の弱点や悩みと向き合っているうちに自信をつけ、緊張自体がやわらいでいくこともありますので、ゆるゆるでかまわないので継続して行ってみてください。

【 やり方 】

ほどよい声量で話すための トレーニング

プレゼンテーション、自己紹介などの練習に。
たとえば「みなさん、こんにちは！　今日紹介するのはっ!!」
などと、声の大きさ、抑揚、動きなどを
あり得ないほどやりすぎる。次に普通に戻す。

アドバイス

- やりすぎてから元に戻すことで自然と躊躇がとれて、表現が大きくなります。ふだんの10倍くらい大きくやってわざと失敗するのもいいでしょう。
- このようにやりすぎてから、元に戻すと、声量もほどよいレベルになります。このトレーニングを行ったあとで本番に臨めば、うまくいくこと請け合いです。

第4章

緊張しない体質をつくり、仕事や人生を楽しもう

「いつも緊張しながら生きている」そんなあなたが楽になる方法がある

「はじめに」で述べたように、「伊藤式・緊張撃退メソッド」は、「緊張」に対する対症療法として、別人になることでその場を乗り切るための手法ですが、継続して行うと、「性格」までも変える根本療法になります。

日常的に不安になりやすい、ビビりやすい、あがりやすい、自分に自信がない、人前が怖い……そんな悩みを抱えて、生きるのがどうにも窮屈だと感じている方は、ぜひ「伊藤式メソッド」を継続して行ってください。そうすることで、あなたの殻を突き破ることが可能となります。

「伊藤式・緊張撃退メソッド」以外に、私は日常的な不安などに対応する方法も用意しています。

この章ではそんな方法も紹介していきますが、その前に緊張しない体質になるためのヒントや、自分を縛るルールや常識から自由になるためのヒントを話していきたいと思います。

特別なイベントがなくても、常に起こっている緊張は、前者に比べるとやや異質で、〝自覚症状〟があまりないこともあり、本人にも気がつきにくいかもしれません。

病気にたとえるなら、大事なイベントに際して手足が震えたり、言葉が出なくなったりする緊張がインフルエンザ。日常的に本人も気がつかないうちに起こっている緊張が生活習慣病といえるかもしれません。

こちらは考え方や生き方を少しずつ変えていくなど、〝治療〟にはそれなりの時間がかかる場合もありますが、しっかり取り組むことで、〝完治〟も可能となります。

緊張から楽になるコツは、ポジティブ思考を捨てること

「ポジティブであらねば」と思い込んでいる人が少なくないようです。

じつはポジティブ思考には罠が仕掛けられていて、緊張を呼び込む場合もあることを知っておいてほしいと思います。

そもそもの話になりますが、「前向きに生きよう」と考えるような人は、もとはといえばネガティブな人です。

生まれついてのポジティブな人は、いちいち「前向きに生きよう」などと決意しなくても積極的に生きていけるのです。

べつに方針変更自体が悪いとは思いませんが、人生のどこかでポジティブ思考にチェンジした人は、モチベーションを上げるために大きな目標を設定したり、成果を性急に求める傾向があり、いつの間にかハードルも高くなり、自分を追い込みがちです。

そして理想と現実のギャップが高ければ高いほど、緊張の度合いも高くなるのです。

しかし、彼らはそこに目を向けません。むしろ目をそむけようとします。

なぜかといえば、彼らにとってポジティブ思考の高揚感は心の支えであり、なんでも解決してくれる完全無欠の万能薬であり、疑ってはいけない聖域だからです。

ひとこと言わせていただくなら、**ポジティブ思考の定義が「なんでも前向きに考えれば、人生うまくいく」とするなら、ちょっと虫のよすぎる、安直な考え方なのではないでしょうか。**

私自身、若い頃はポジティブ思考にこり固まっていました。

あるとき、演技の先生からこう言われました。

「無理やり頑張っている感じがするよ。たまにはパチンコでも行ってみたら」

正直、ムッとしました。

人が一生懸命頑張っているのに、この人はサボれというのか……。なんてネガティブな人なんだろう……。

今は先生の言葉の意味がよくわかります。

きっと私は、端《はた》から見るとどこか空回りしていたのでしょう。

先生は、「たまには息抜きも必要だよ」という意味合いでネガティブな言葉を使ったのでしょう。でも私は、自分の生き方が否定されたと誤解してしまったようです。

当時の私にとってネガティブという言葉は、負け、逃げ、弱虫などを意味していました。

人生のある時期では、たしかにポジティブな頑張りは必要だと思いますが、四六時中エンジン全開では、どんなに高性能のエンジンでも壊れてしまうでしょう。

肉体は根性でいうことを聞いてくれるかもしれませんが、繊細な感性は、根性や気合では動いてくれず力んだままです。

緊張から我が身を守るために、ネガティブ思考も上手に取り入れたいところです。

緊張する性格を無理に変えようとしない。「変わりたい」という気持ちだけゆるく持とう

もうひとつ、自分自身が体験したことを語らせてください。

演技を始めた頃のこと、当然といえば当然ですが、うまくいかずに落ち込むことがよくありました。

そんな自分の落ち込みやすい性格を変えようと心理学を学ぶことも考えましたが、結局は面倒くさくてやりませんでした。

かといって、自分の性格を変えることを完全に諦めたわけではなく、変わりた

いという気持ちだけは心の片隅にゆるやかに留《とど》めておきました。

そんなある日のこと。私は練習でひどい演技をしてしまいました。

ところが……。

これまでだったらガクンと落ち込んでいたに違いありませんが、そのときは笑って「もう一度やらせてください」という言葉が出たのです。

どうして、自分でも思ってもみなかった言葉が口をついて出たのでしょう。

「落ち込むな、笑え！　変わりたいなら今までと同じことをするな！」

なぜかこんな言葉が心をよぎったのです。

その後の演技がよかったかどうかは記憶にありませんが、落ち込まずに再チャレンジを願い出ることができてうれしかったことを今でもよく覚えています。

それ以降、私は、こういった一瞬の心の声に従うことが少しずつ増えていき、この一件から2年ほど経ったころ、自分の性格が変わっていることにふと気づきました。

なぜ私は、自分の落ち込みやすい性格を変えることができたのでしょう？

おそらく、「落ち込まない人間になりたい」という思いをゆるく持ち続けていたからでしょう。

勉強しなかったのは怠惰《たいだ》に他なりませんが、結果として急いでなかったことにもなります。

変わろうとするポジティブさは大事ですが、急がずに「ゆるく」目標を持ち続けることが、緊張に身や心を蝕まれることなくうまくいく秘訣だと思っています。

こんなこともありました。

あるとき私は、コメディーで求められるテンションをつくる練習をしていました。

ところが、なかなかうまくテンションを上げられません。

以前の私なら無理してでも頑張ろうとしたでしょうが、そのときはとっさに、「帰ったら何を食べようか?」とまったく関係ないことを考えてみました。わざと別なことに意識を向けたのです。

「冷蔵庫に何があったっけ?」なんてことも考えました。

それから30秒くらい経って、ふと気づきました。

私はコメディーのテンションになっていたのです。

最初にできなかったのは、集中しようとしてかえって力んで緊張してしまったからでしょう。心(テンション)は直接操作できないにもかかわらず、操作しようとしていたのです。

そうではなく、そのときはたまたまでしたが、気をそらすことで間接的に「心を誘導する」ことができたので、私はコメディーのテンションになることができたのです。

以来、私は確信しています。

いい加減も悪くない、と。

今回例に挙げた「心理学を勉強しなかったこと」「別なことに意識を向けたこと」は、「怠《なま》けた」ことであり、「集中できていない」ことですから、一般的にはネガティブとされています。

だからといって私は、こうした行為を否定する気にはなれません。

物事に対して前のめりではなく、一歩下がって気負っていない状態であるからです。言ってみれば、いちばんフラットな状態であり、無理していないし、急いでいないから、緊張ともほとんど無縁でいられるのです。

比喩的にいえば、心拍数も上がっていない状態です。

私は、こうした状態を意識的に作り出すことができるようにしたいと考えています。心と脳を楽にさせて気負っていない状態にしたいのです。

そのためにはポジティブ思考の人には多少は怠けることを、逆にネガティブ思考の人には多少は前向きになることが必要だと考えます。

ここまでくれば、緊張も恐れるに足らずです。

緊張体質を変える！最高の特効薬は「リラクゼーション」

この章でここまでお話ししてきたこと、つまりポジティブ思考にこだわらない、ゆるく目標を持ち続ける、といったことを心がけていれば、体内に重くのしかかっていた緊張体質もいつしかやわらいでいくはずです。

でも、それだけだと、ちょっとばかり時間がかかってしまいます。

ここでもやはり、実技の世話になりましょう。こちらは「伊藤式・緊張撃退メソッド」のスーパーサブというか、付録的存在と考えてください。

心と身体に入り込んでいる緊張体質をトレーニングで軽くしていけば、それほど時間をかけなくても、緊張があなたの人生の邪魔をすることがなくなります。

この章で紹介する方法は、心と身体を軽やかにする「リラクゼーション」です。ここでは2つの方法を紹介しますが、まずはリラクゼーションとは何を目的とするのか知ってもらいたいと思います。

手足をダラリと伸ばし、力という力を抜いて湯船にゆったりと浸《つ》かっている自分の姿を想像してください。思い浮かべただけで眠くなってきませんか(笑)。いい湯かげんで身体がゆるんでくれれば、思わず「あ〜」と声も出て、ゆったりした気分になるでしょう。

じつはこれこそが、緊張がまったくない、究極のリラックスした姿なのです。

真にリラックスできれば、身体も心も緊張が解け、日常生活の中でも力の入っていない自然な状態になることができます。

風呂に入っていなくても、入浴中のようなリラックスした状態を日常的に作り出し、緊張とは無縁な、それでいて最高のパフォーマンスが発揮できる状態を作り出す――。
「リラクゼーション」はそこをめざしています。
「リラクゼーション」は、
①まず身体を動かす↓②肉体をゆるめる↓③心と脳がゆるむ
という流れで、最終的に、
↓④そして自己の理性がゆるむ
ことをめざします。
理性がゆるめば、知識や理屈から生じた緊張がほぐれ、解けていきます。
すでに何度もお話ししているように心は直接操作できないので、心を深くゆるめる前段階として身体をほぐしていきます。リラクゼーションを始める前に顔を両手で軽く揉むようにしてほぐしておいてください。

本書では以下の2つのリラクゼーションを紹介します（詳しいやり方は次ページをご確認ください）。

●体のリラクゼーション

身体をゆるめることで心もゆるみ、抑え込まれた深い感情が出やすくなります。とくに自分の心と身体を深くおおっている緊張体質を改善する効果があります。毎日20分ほど行うと大きな効果が得られますが、時間的に制約がある方は昼夜を問わずやれるときに10分くらい行えばOKです。

●脳のリラクゼーション

モグラが穴を掘ると土が軟らかくなるように、脳の中をパチンコ玉が巡って、ほぐれてゆるんでいく様をイメージしていきます。

いつやっても構いませんが、就寝前に10分ほど行うと、ぐっすり眠れるでしょう。また、「体のリラクゼーション」とセットで行うと、より深いリラックスが得られます。

【 やり方 】

緊張体質を変えるエクササイズ①

1. 椅子に座り、寝ようと思えば寝られるくらいの楽な姿勢を見つける。ぐにゃぐにゃの軟体動物になったように。
2. ゆるめたい部位に意識を持っていき、最低限の力で円を描くように動かす。
3. 2の動作を顔、頭、両手、両足、胴体のうち5〜6カ所で同時に行う（1カ所だけではリラックスに包まれない）。

アドバイス

- 表情は上下バラバラ、左右バラバラ、8の字を描くように顔面を動かしましょう。何も感じていなくても、「あ〜〜」と声を5秒くらい出し、喉をゆるめます。
- 自然と感情が沸き起こってきたら、笑いたいなら笑い、泣きたければ泣く、というように感情に身を任せましょう。また、感情がなくてもわざと笑ってみると、心はリラックスします。

【 やり方 】

緊張体質を変えるエクササイズ②

1. 脳の中にパチンコ玉くらいの球をイメージして巡らせる。
   モグラが穴を掘ると土が軟らかくなるように、
   球が巡ったところがほぐれてゆるんでいくイメージで。
2. 目は半眼、寄り目にして何を見るわけでもなく空中を見て、
   何も考えないように。
3. 声は楽に「あ～」と出し、身体は固まらない程度に動かす。

アドバイス

■ 球をイメージしようとして力まないようにしましょう。
イメージしにくいときは、しにくいままで始めてOKです。
イメージすることより力まないこと優先で。

この章をお読みになって、緊張というのがけっこう根深いものであることがおわかりいただけたかと思います。

そんな緊張に対しては、緊張する場面での対症療法的な戦いのほかに、長期的にゆるゆると戦っていく必要もあることを知ってほしくて、この章を設けました。

戦うための武器は十分に用意したつもりです。

そうカリカリせず、ゆっくり、じっくり、のんびりと戦っていきましょう。

知り合いのS・Kさん（50代男性）は、役所の下請けというお堅い仕事にたずさわっています。

もともと生真面目で責任感が強いSさんは、自分たちの部署の仕事の進み具合が気になってしかたなく、少しでも遅れがあると、上役にどう報告すればいいのかといつも緊張で身を固くしていました。

家に帰ってからも、仕事のことが気になるとかで、職場と同じく苦虫をかみつぶしたような表情をしていました。


本人は、「仕事だから緊張してやるのが当たり前」などと言いますが、私は、こんな姿勢でずっと仕事を続ければ、うつを発症してもおかしくないと心配になり、リラクゼーションをすすめてみました。

最初は「時間のムダ」とまで言っていたSさんですが、私の「だまされたつもりで」のひと言に心を動かされたようで、「じゃあ、試しに」と始めることになりました。

その1カ月後、私はSさんと再会し、思わず声を上げそうになりました。Sさんから苦虫をかみつぶしたような表情が消えていたからです。

そして明るい表情で言いました。

「このところ、肩から重たい荷物がなくなったような気分なんですよ」

生真面目で律儀なSさんは、この1カ月、ほとんど毎日、「体のリラクゼーション」と「脳のリラクゼーション」をセットで行ってきたそうです。

そして、こう付け加えました。

「これからは仕事も人生も楽しんでいこうと思いまして」

若い頃の趣味だったツーリングも、近々復活させたいとのこと。

「まさか、50代になってから、自分がこんなに変わるなんて思ってもいませんでした」

その言葉には私もうれしくなるほどの実感がこもっていました。

おわりに

私はいま、みなさんの緊張をとるお手伝いをしつつ、毎日をとてもハッピーに生きています。

しかし、ここに至るまでには紆余曲折《うよきょくせつ》がありました。

私は19歳から役者としての人生を歩んできました。

でも、残念ながら役者人生をまっとうすることはできませんでした。

その最大の原因は私の緊張体質にありました。

舞台に立っていて、自分の言うべきセリフが急に飛んで、頭が真っ白になって立往生してしまったことも何度となくあるし、脚本家や舞台監督の「もっとちゃんとやってみろよ!」「こんなこともできないのか!」などという罵声を浴びて、緊張で身が固くなり、役作りどころではなくなってしまったことも再三でした。

そんな私ですから、自分でも役者には向いていないと考え、表舞台から降り裏方に回ることにしました。

その頃に出合ったのがスタニスラフスキーの教えです。

本書でも紹介したように、旧ソ連の俳優にして演出家、演技教師のスタニスラフスキーは、自然な演技を引き出すためには緊張をとることが大切だと考え、具体的な緊張のとり方も提示しました。

そして、感情をこめろ、役になり切れなどと、心を直接操作しようとしても、かえって緊張を高めるだけだと喝破し、論理的な訓練によって多くの俳優が名優になれる可能性があるとしたのです。

まさに目から鱗でした。

私が俳優として一流になれなかったのは、能力がなかったからでも、努力が足りなかったからでもなく、緊張のせいだったのか……。

実際、スタニスラフスキー理論を実践してみると、肝心な場面で緊張することが少なくなっていき、気分も明るくなりました。

でも、周囲の後輩たちは相変わらず緊張に悩まされ、思うように役作りができずに苦しんでいます。

まず緊張をとることから始めてみようよ。後輩にそう伝えなければ……。そう考えた私は、スタニスラフスキーの理論をベースに、伊藤式の緊張をとる方法を構築していき、後進の指導に当たりました。

その結果、これまで空回りしていた多くの後輩が、俳優で食べていけるようになりました。私の教室から巣立っていく彼らのうれしそうな顔を見るのは、いまでも私の生きがいです。

ただ、世の中を見回してみると、緊張に苦しんでいるのは、演技の世界にたずさわっている人間ばかりではありません。

なぜそう気がついたかというと、世の中にはいまだに「頑張ればできる」「うまくいかないのは努力が足りないからだ」などという、心を直接操作しようとする精神論が横行しているからです。

そのせいで、うまくいかないのは自分の頑張りが足りないのかと自信を失い、追い込まれていく若者が多くいるのではないでしょうか。

本当は真面目で有能なのに、緊張のせいでちょっと口ごもったり、うまい応対ができないだけで無能の烙印《らくいん》を押されてしまう若者たちがたくさんいるはずです。

生産性と効率ばかりを重視する世の中に埋もれている若者をなんとかしたい。いや、中高年層にも主婦層にも、緊張に苦しんでいる人たちは少なからずいるはずです。

そんな人たちの手助けもしたい。

そして伝えたい。あなたがこれまでうまくいかなったのは、あなたの能力のせいでも性格のせいでもないし、努力が足りなかったからでもないのですよ。そうではなく、肝心なときにやってきてしまう緊張のせいなのです、と。

そう思った私は、演技の世界での緊張をとるメソッドに改良に改良を重ね、今回、一般の方向けの「伊藤式・緊張撃退メソッド」を作り上げました。

改めて言います。緊張というのは確実にとれます。

どうぞ、「伊藤式・緊張撃退メソッド」をまだお試しでない方は、いまこの場で1秒でも早く行ってみてください。

そして本当に緊張がとれることを実感してください。


人生ってもともと楽しいものなのです。

そのことをあなたにも実感してほしくて、今回、本を書かせてもらいました。

もう一度、言わせてください。「伊藤式・緊張撃退メソッド」で、緊張はとれ、あなたの心と身体をおおっていた重たい気分はすっーと消えていきます。

そしてその代わりに楽しい気分がやってきます。

じつはこの楽しい気分というのは、あなたが本来持っていたものなのです。

それが緊張を強いられることで消えてしまっていたのです。
「伊藤式・緊張撃退メソッド」でそれが戻ってくるのです。

本来の自分を取り戻すだけですから、大丈夫、誰にでもできます。
緊張しいで何度となく失敗し、何度となく落ち込んできた私にもできたのですから、安心して取り組んでください。

今度は緊張のない、楽しい世界でお会いしましょう。
そして心から笑い合いましょう。

日本中、いや世界中から緊張がなくなること。そして役者としてもう一度舞台に立つことを夢見て——。

伊藤丈恭

人前で変に緊張しなくなる すごい方法

発行日　2019年7月1日　第1刷

著者　伊藤丈恭

本書プロジェクトチーム
編集統括　柿内尚文
編集担当　小林英史、堀田孝之
編集協力　寺口雅彦
デザイン　細山田光宣＋藤井保奈（細山田デザイン事務所）
カバーイラスト　村上テツヤ
本文イラスト　若泉さな絵
校正　植嶋朝子
DTP　伏田光宏（F's factory）

営業統括　丸山敏生
営業担当　池田孝一郎
プロモーション　山田美恵、林屋成一郎
営業　増尾友裕、熊切絵理、石井耕平、大原桂子、矢部愛、桐山敦子、綱脇愛、渋谷香、寺内未来子、櫻井恵子、吉村寿美子、矢橋寛子、遠藤真知子、森田真紀、大村かおり、高垣真美、高垣知子、柏原由美、菊山清佳

編集　舘瑞恵、栗田亘、村上芳子、大住兼正、菊地貴広、千田真由、生越こずえ、名児耶美咲
講演・マネジメント事業　斎藤和佳、高間裕子、志水公美
メディア開発　池田剛、中山景、中村悟志
マネジメント　坂下毅
発行人　高橋克佳

発行所　株式会社アスコム

〒105-0003
東京都港区西新橋2-23-1　3東洋海事ビル
編集部　TEL：03-5425-6627
営業部　TEL：03-5425-6626　FAX：03-5425-6770

印刷・製本　中央精版印刷株式会社

Printed in Japan ISBN 978-4-7762-1047-4

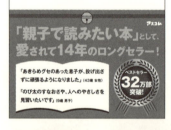

登録するだけ!

購入者全員にプレゼント!

「人前で変に緊張しなくなるすごい方法」
の電子版が
スマホ、タブレットなどで読めます!

本書をご購入いただいた方は、もれなく
本書の電子版をスマホ、タブレット、パソコンで読めます。

アクセス方法はこちら!

下記のQRコード、もしくは下記のアドレスからアクセスし、会員登録の上、案内されたパスワードを所定の欄に入力してください。
アクセスしたサイトでパスワードが認証されますと、電子版を読むことができます。

https://ascom-inc.com/b/10474

※通信環境や機種によってアクセスに時間がかかる、もしくはアクセスできない場合がございます。
※接続の際の通信費はお客様のご負担となります。